Susanne Wyss

Tagebuch meiner Geschäftsidee

Modelle und Techniken für die Entwicklung und Überprüfung von Geschäftsmodellen

2. überarbeitete und erweiterte Auflage

My Book, das praktische Fachbuch

Bibliografische Information der Deutschen Nationalbibliothek:

Die Deutsche Nationalbibliothek verzeichnet diese Publikation in der Deutschen Nationalbibliografie; detaillierte bibliografische Daten sind im Internet über http://dnb.dnb.de abrufbar.

© Susanne Wyss, 2017, überarbeitet und ergänzt 2019

Illustration: Susanne Wyss
weitere Mitwirkende: Jutta Wyss, Urs Spaetig

Herstellung und Verlag: BoD – Books on Demand, Norderstedt

ISBN: 978-3-73865-234-5

Für alle Studentinnen und Studenten,
die mich immer wieder inspirieren

Vorwort

Nach meiner Ausbildung zur Physiotherapeutin habe ich viele Jahre mit grosser Freude Patienten behandelt. Schon damals hat es mich fasziniert Neues zu schaffen: Zu Beginn waren es neue Behandlungskonzepte, an denen ich mitarbeiten konnte und die ich auch einführen durfte. Eines davon habe ich sogar an einem WHO-Kongress in Genf vorgestellt.

Nach einigen Jahren entschloss ich mich, eine Praxis und etwas später auch eine Einzelfirma aufzubauen. Seit 2000 bin ich mit der Einzelfirma BENE selbstständig im Nebenerwerb. Die Mischung von Selbstständigkeit und langfristigen Festanstellungen entspricht meinem Naturell und ich kann von Erfahrungen in beiden Bereichen profitieren. Dabei habe ich viel gelernt. Viele Stunden verbrachte ich in Schulbänken oder vor Büchern über Betriebswirtschaft, Marketing, Volkswirtschaft, Arbeits- und Betriebspsychologie, Qualitätsmanagement, Organisationsentwicklung und andere spannende Themen. Meine praktischen Erfahrungen und das theoretische Wissen sind das Fundament für dieses My Book.

Seit 2004 behandle ich keine Patienten mehr, sondern übe unterstützende Funktionen im Gesundheitswesen aus. Dies sind: Führen eines interdisziplinären Teams und Qualitätsmanagement oder Organisationsentwicklung in verschiedenen Institutionen.

Seit mehr als 20 Jahren geniesse ich nebst meinen anderen Tätigkeiten ebenfalls das Vergnügen zu unterrichten. Der Unterricht ist auch der Anstoss zum ersten My Book. Eigentlich wollte ich ein Skript zur Ergänzung eines Moduls in einem CAS erstellen. Als Ziel schwebte mir vor, die Studierenden das Lustvolle am Entwickeln einer Geschäftsidee selbst erleben zu lassen. Mein Skript wurde immer umfangreicher – schliesslich wurde es zu einem Prototyp. Die vielen vollgeschriebenen und im wahrsten Sinne gezeichneten A5-Ringbücher der Studierenden freuten und bestärkten mich in der Idee, mein erstes My Book zu erstellen.

Es ist mir wichtig, die Theorie möglichst praktisch zu vermitteln. Was nützen Modelle, die nicht im Alltag eingesetzt werden können? In diesem My Book vermittle ich Ihnen die Theorie, wie ich sie verstanden habe und zeige Ihnen, wie ich sie in der Praxis umsetze. Meistens benütze ich dazu Fragen, welche Sie, als Spezialisten Ihrer Geschäftsidee, in Ihrem Sinne beantworten.

Ich habe nicht nur den Text geschrieben, sondern mit besonderem Vergnügen ebenso die Zeichnungen erstellt. Lassen Sie sich von dieser nicht immer vollkommenen Spontanität anstecken. Es muss nicht alles von Anfang an perfekt sein.

Sicher ist: Es klappt nur, wenn Sie es in Angriff nehmen!

Bei mir hat es geklappt. Das My Book ist in den gängigen Portalen und als eBook erhältlich, liegt jedoch nicht in Buchhandlungen auf. Die Zeichnungen haben sich sogar als Pluspunkt herausgestellt. Es gibt Leser, die haben das My Book hauptsächlich wegen der Zeichnungen gekauft. Dies entspricht eigentlich nicht meiner ersten Vorstellung – trotzdem freut es mich.

Das zweite My Book "Meine 50 Verbesserungswerkzeuge" folgte kurze Zeit später. Der Stil ist gleich geblieben und auch dieses Büchlein wird wegen seiner Art gern gekauft. Es scheint, dass mein Konzept "Fachliteratur, welche nicht wie Fachliteratur wirkt", gut ankommt.

In der Zwischenzeit habe ich weitere Rückmeldungen zum Inhalt von "Tagebuch meiner Geschäftsidee" bekommen. Vielen Dank! Ich habe Ihre Vorschläge miteinbezogen. Neu wird dem Prototyp am Ende der ersten Phase mehr Aufmerksamkeit geschenkt und Sie schliessen mit einem Businessplan das Büchlein ab. Die Notizseiten sind geblieben, kommen aber leider im eBook nicht zur Geltung.

Ich wünsche Ihnen so viel Freude und Elan beim Entwickeln ihrer Geschäftsidee wie ich beim Kreieren meiner beiden ersten My Books hatte.

Nutzen Sie Ihre Motivation!

Susanne Wyss

Inhaltsverzeichnis

Inhaltsverzeichnis 6
Einleitung 8
    a.   Weshalb soll ich dieses Buch lesen? 8
    b.   Welche Theorien werden angewandt? 9
    c.   Wie lese ich das Buch in der Praxis? 10
    d.   Gibt es ein Beispiel zum Nachvollziehen? 12
    e.   Phasen in My Book 13
    f.   Wie bringe ich meine Geschäftsidee zum Scheitern? 14
    f.   Nun geht es los 16

Phase 1 Kreieren 17
    1.   MindMap 18
    2.   Effectuation 24
    3.   Kernkompetenzen 30
    4.   Von der Persona zum Kunden 36
          Theoretische Zwischenbemerkung: To be done 40
          Theoretische Zwischenbemerkung: Kundenbedürfnisse nach Gälweiler 41
    5.   Value Proposition 45
          Theoretische Zwischenbemerkung: Analyse Kundennutzen 47
          Theoretische Zwischenbemerkung: Darf es ein wenig mehr sein? 48
    6.   Prototyp 52
          Theoretische Zwischenbemerkung: 10 Grundsätze für Prototypen 54
          Theoretische Zwischenbemerkung: Kundentest 55
          Theoretische Zwischenbemerkung: Hilfe bei vielen tollen Prototypen 56
    7.   Lean Canvas 58
          Theoretische Zwischenbemerkung: Vereinfachter Canvas 64

Phase 2 Positionieren 67
    8.   Umfeld-Analyse 68
          Theoretische Zwischenbemerkung: Digitale Transformation 70
    9.   Fünf Treiber von Porter 74
          Theoretische Zwischenbemerkung: Märkte 76
    10. Kritische Erfolgsfaktoren 82
          Theoretische Zwischenbemerkung: USP 84
    11. Konkurrenzanalyse 89

      Theoretische Zwischenbemerkung: Analyse Mittbewerber nach Porter 91

      Ergänzung der Konkurrenzanalyse: Vorteil-Nachteil Matrix 96

12.   SWOT 98
13.   Blue Ocean Strategy 106

      Theoretische Zwischenbemerkung: SCAMPER 110

14.   Ansoff Matrix 116
15.   Stuck in the middle (Porter) 122

      Theoretische Zwischenbemerkung: Three paths to market leadership 124

16.   Vision 128
17.   Strategie 132
18.   Business Canvas 139

      Theoretische Zwischenbemerkung: Fraktale Geschäftsmodelle 141

Phase 3 Geschäftsmodell überprüfen 148

      Kurztest für Ihr Geschäftsmodell 149

19.   Marktnachfrage 150
20.   Break-Even Point (BEP) 155

      Theoretische Zwischenbemerkung: Fix- oder variable Kosten? 156

21.   Pay Back 160
22.   Von der Strategie zur Praxis: Der Projektplan 163
23.   Elevator Pitch und Businessplan 167

      Theoretische Zwischenbemerkung: Businessplan 169

      Theoretische Zwischenbemerkung: Finanzierungsmöglichkeiten 171

Literaturhinweise 174

Literaturverzeichnis 176

Einleitung

a. Weshalb soll ich dieses Buch lesen?

... weil Sie jemand sind, der eine gute Idee hat, sich aber noch nicht ganz klar darüber ist, wie diese wirklich umgesetzt werden kann.

Oder	... weil	Ihre Idee vielleicht noch nicht konkret ist und Sie diese klären möchten.
Oder	... weil	Sie wohl kreativ sind, aber etwas Struktur brauchen.
Oder	... weil	Sie Struktur lieben, aber kreative Anstösse brauchen.
Oder	... weil	Sie lieber etwas anpacken, statt viele dicke Bücher zu lesen.
Oder	... weil	Sie von einer Zusammenstellung funktionierender Methoden und Techniken profitieren möchten.
Oder	... weil	Sie später vielleicht doch noch viele dicke Bücher lesen möchten und Hinweise suchen, welche es sein könnten.
Oder	... weil	Sie gerne Management-Wissen mit Praxis-Wissen verbinden.
Oder	... weil	Sie während des Lesens gerne etwas erarbeiten und deshalb häufig ein Notizbuch dabei haben.
Oder	... weil	Sie gerne Methoden und Techniken kennen lernen, die Sie noch nie benutzt haben.
Oder	... weil	Sie gerne im Kleinen wirken, dazu aber die Methoden der Grossen nutzen möchten.

Und falls Sie eines Tages auch zu den erfolgreichen Grossen gehören, freue ich mich darüber!

Dieses Buch bringt Ihnen keine Weltneuheiten, sondern nutzt bekannte Modelle, Theorien und Techniken. Die folgenden Seiten beinhalten KnowHow – gewonnen durch häufiges Lesen und praktische Erfahrung. Alles ist neu zusammengestellt und mit nützlichen Hinweisen ergänzt.

b. Welche Theorien werden angewandt?

Die aufgezeigten Modelle und Techniken stammen aus verschiedenen Büchern. Teils sind es traditionelle Managementwerkzeuge inkl. deren Paradigmen, welche bereits häufig beschrieben wurden und immer noch werden. Zum Teil sind es Techniken aus der systemischen oder aktuellen Managementwelt.

Weiter werden Werkzeuge aus dem Design Thinking vorgestellt. Vom Design Thinking wird das evolutionäre, agile, kundenorientierte Entwickeln eines Angebots übernommen. Zudem werden Theorien aus dem Marketing integriert. Das Marketing hilft, den Markt besser zu verstehen und das Angebot noch besser zu positionieren. Auch die Psychologie hat einiges beizutragen. Marketing- und Wirtschaftspsychologie sind dabei führend. Die Kunden kaufen nicht nur rational, sondern sind häufig emotional gesteuert.

Durch die Angabe der jeweiligen Literaturquellen können Sie nachvollziehen, woher die Vorgehensweisen stammen. Zusätzlich können Interessierte sich die aufgeführte Literatur beschaffen und ihr Wissen vertiefen. In der heutigen Zeit ist selbstverständlich auch das Internet eine wichtige Informationsquelle.

Alle Theorien und Methoden werden in logischer Reihenfolge beschrieben, damit Sie Ihr ideales Geschäftsmodell entwickeln können. Dazu werden gewisse Techniken teilweises etwas abgewandelt. Dies, weil Praxis- und Unterrichtserfahrung aufgezeigt haben, dass ein angepasster Weg besser funktioniert. Lassen auch Sie sich nicht einschränken. Nutzen Sie alles, wie es sich für Sie am besten eignet. Haben Sie den Mut anzupassen, was Sie als notwendig erachten.

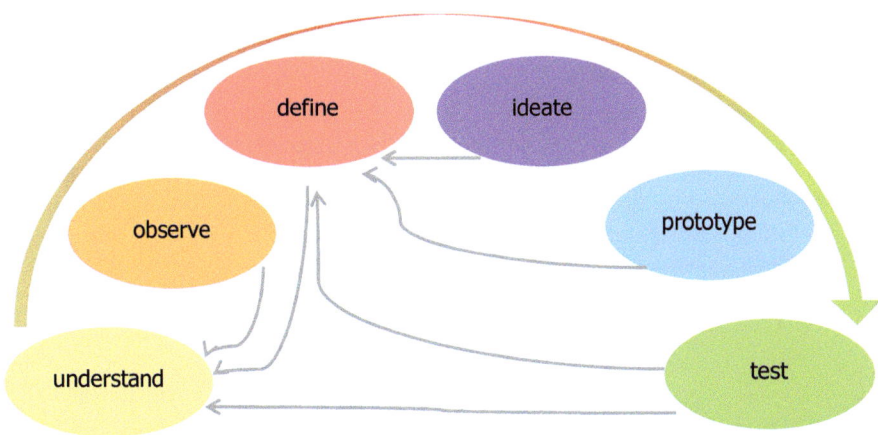

Abb.: Ablauf Design Thinking[1]

c. Wie lese ich das Buch in der Praxis?

Das ist kein reines Lese-Buch, sondern ein Buch zum Erarbeiten und Entwickeln. Dennoch bietet es Lesestoff. Sie entscheiden, wie Sie diesen nutzen. Jedes Kapitel ist gleich aufgebaut.

- **Weshalb:** Nina und Beni erklären Ihnen, weshalb diese Methode Sinn macht.
- **Theorie:** Es folgt eine kurze theoretische Einführung.
- **Zwischenbemerkung:** Teilweise wird die Theorie durch ähnliche Themen erweitert. Diese sind als Ergänzung gedacht, um Sie weiter zu inspirieren.
- **Praxis:** Die Methode wird in die praktische Welt übersetzt und es werden Ihnen Hilfestellungen gegeben, damit Sie diese Methode gut anwenden können.
- **Beispiel:** Anhand der Geschichte über die Entstehung dieses Buches können Sie die Wirkungen der verschiedenen Methoden, Modelle und Techniken mitverfolgen.

Sie entscheiden, wie und was Sie lesen. Vielleicht lesen Sie alles, vielleicht überspringen Sie das Beispiel. Ihre Wahl!

Es gibt einige Dinge zu beachten: Der Aufbau folgt einer gewissen Logik. Dennoch wird es während des Entwickelns immer wieder neue Inputs geben. Möglicherweise springen Sie auf ein früheres Kapitel zurück, um dort Ergänzungen anzubringen. Es werden aber auch Einsichten später wieder aufgenommen und genutzt. Diese Verbindungen werden aufgezeigt.

Das ist wahrscheinlich das erste unvollständige Buch, welches Sie bis jetzt gekauft haben. Ich gratuliere Ihnen! Das Buch wartet auf Ihre Einträge, dadurch wird es erst wertvoll. Es wird Ihr persönliches, Ihr einzigartiges Buch. My Book ist das Tagebuch Ihrer Geschäftsidee!

Gute Ideen werden meistens nicht am Schreibtisch ausgebrütet. Darum ist das Buch handlich gestaltet. So können Sie es problemlos jederzeit mitnehmen. Es ist viel Platz für Notizen reserviert. Die leeren Seiten sind Ihre Seiten. Nutzen Sie diese! Schreiben Sie Ihre Gedanken auf, damit sie nicht verloren gehen. Überfliegen Sie Ihre Notizen zwischendurch, ergänzen Sie Wichtiges oder streichen Sie Überflüssiges. Kennzeichnen Sie bewusst, was bereits erledigt ist. Das wirkt beflügelnd und ist befriedigend.

...Vielleicht werden Sie durch Musik inspiriert?

d. Gibt es ein Beispiel zum Nachvollziehen?

Ich nehme Sie mit auf eine Reise, auf eine Reise durch die Entstehungsgeschichte dieses Buches. Das Beispiel soll Ihnen helfen, klarer zu verstehen, wie die Methoden funktionieren. Es wird auch aufzeigen, wie eine kleine Idee sich entwickeln und verändern kann, wie ein Hobby zu einer Geschäftsidee wird. Die Theorie lässt sich einfach in die Praxis umsetzen. Sie brauchen etwas Mut, Dinge anzupassen und natürlich Lust etwas Neues zu lernen. Ihr Einsatz und Ihre Anstrengungen werden sich lohnen.

Ursprünglich wollte ich ein unterrichtsbegleitendes Skript erstellen. Es wurde daraus ein kleines Arbeits-Buch und später das erste My Book. Das Ergebnis liegt vor Ihnen – es ist das erste ausgefüllte My Book: Das Tagebuch meiner Geschäftsidee. Im Gegensatz zu Ihnen hatte ich noch kein eigenes My Book. Ich wurde immer von einem roten Notizheft begleitet. Darin machte ich mir völlig unstrukturiert Notizen und Skizzen. Weil diese Notizen für andere weder lesbar noch verständlich sind, habe ich alles für Sie in Ihr My Book übertragen.

Es sieht dadurch sehr ordentlich aus, was es aber nicht bleiben soll. Setzen Sie sich das Ziel, es zu verändern, zu beschreiben, hineinzukritzeln und es auszumalen. Auch Ihr My Book darf nachher unlesbar und chaotisch sein, genau wie mein Notizbuch! Das gilt aber nur für Ihr Notizbuch. Ihre Geschäftsidee muss eine eigene, zum Erfolg führende Struktur aufweisen.

e. Phasen in My Book

Das Vorgehen im gesamten Buch wird iterativ sein. Dies ist abgeleitet vom Design Thinking und vom agilen Projektmanagement. Sie werden Ihre Geschäftsidee während mehreren Phasen immer weiter entwickeln. Die folgenden Phasen werden schlaufenartig durchlaufen. Jede Phase hat erneut Einfluss auf Ihre Geschäftsidee und vervollständigt sie. Den Phasen sind entsprechende Werkzeuge und Methoden zugeordnet, die Sie unterstützen. Am Ende des ersten My Books haben Sie Ihr Geschäftsmodell skizziert und eine erste kurze finanzielle Überprüfung durchgeführt.

Phase	Kurzbeschreibung
Kreieren	Das Werteangebot wird mit einer Inside-Out Haltung erstellt.
	Sie konzentrieren sich als Erstes auf ein Produkt oder eine Dienstleistung.
Positionieren	Das Geschäftsmodell wird mit Outside-In Fragen positioniert.
	Ihr Produkt oder Ihre Dienstleistung wird zu einem Geschäftsmodell ausgebaut.
Überprüfen	Das Geschäftsmodell wird anhand betriebswirtschaftlicher Kriterien überprüft.
	Sie fassen alle Überlegungen in einem Businessplan zusammen.

Jede Phase beinhaltet wiederum drei Phasen, in welchen die entsprechenden Methoden, Modelle oder Hilfsmittel dargestellt werden. Um diese abzugrenzen, werden sie in Englisch aufgeführt.

Analize	-	Analysieren
Create-	-	Kreieren
Deliver	-	Liefern

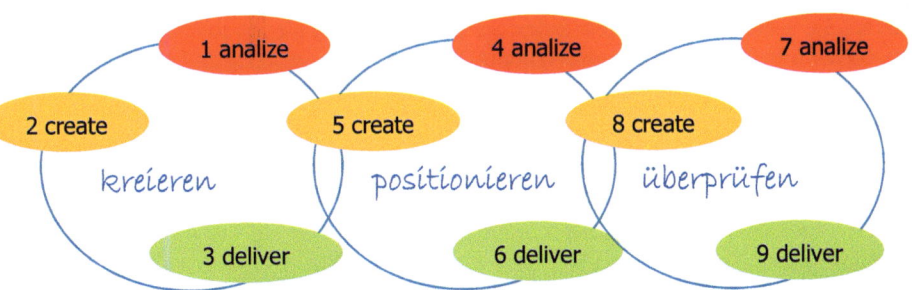

Abb.: Phasen in My Book "Tagebuch meiner Geschäftsidee"

f. Wie bringe ich meine Geschäftsidee zum Scheitern?

Viele Geschäftsideen gehen verloren und haben keinen Erfolg. Dieses Scheitern wird in der Zwischenzeit an Fuckup–Events zelebriert. Menschen erzählen von ihren Misserfolgen, damit andere davon lernen können. Dieses My Book hilft Ihnen, die gefährlichsten Klippen zu umschiffen. Als Start erfahren Sie hier die wichtigsten **nicht** nachahmenswerten Punkte eines Fuck-up Spezialisten[2] und in welchen Kapiteln dieses My Books sie mehr dazu vernehmen, damit Sie sicher durch die Untiefen segeln.

Sie schweben in einer Vision von Vermutungen

Glauben Sie nicht, dass die Welt auf Ihre innovative Idee wartet, auch wenn Ihre Vision noch so verlockend ist. Stützen Sie sich auf Fakten und Erfahrungen. In der Phase zwei und drei klären Sie das Umfeld (S. 8) und den Markt (S. 9) ab und machen in der Phase drei erste Schätzungen über die Anzahl Kunden (S. 150).

Sie sind ein Lonesome Cowboy in der weiten Prärie

Sie starten allein, ohne Unterstützung und Beizug von Wissen, selbst, wenn Sie in einer neuen Branche Fuss fassen möchten. Überschätzen Sie nicht Ihre Zauberkräfte. Allein können Sie Ihre Idee nicht zu 100 % umsetzen; Sie brauchen Fähigkeiten und Manpower von anderen Personen. Stellen Sie sich vor, es entgehen Ihnen wichtige Details wegen fehlendem Wissen oder Sie haben Erfolg, kommen aber mit der Arbeit nicht mehr nach und brennen deshalb aus. Warten Sie nicht zu lange, Partner an Bord zu holen. Es können sogar potentielle Kunden sein. In der Phase eins und drei lesen Sie etwas über Partnerschaften (S. 24 und S. 163).

Sie zeigen den Mehrwert nicht auf

Sie sind auf Ihre Idee fixiert, können aber Ihren potentiellen Kunden keinen Mehrwert aufzeigen. Sie reden über Eigenschaften des Produktes, verlieren aber kein Wort zu Sinn und Notwendigkeit. Sie lernen in der Phase eins die Value Proposition kennen und den Nutzen aus Sicht des Kunden hervorzuheben (S. 45).

Sie verlieren den Fokus und versinken in Details

Sie sind so verliebt in Ihre Idee, dass sie bereits viele tolle Details planen und entwerfen. Sie verlieren unnötig Zeit. Bevor Sie die Verpackung planen sollten Sie testen, ob der Inhalt bei Kunden Anklang findet. Verschwenden Sie keine Zeit mit überflüssigen Entwicklungen. In der Phase eins erfahren Sie etwas über Prototypen und den Lean Canvas (S. 52 und S. 58).

Sie sind knapp bei Kasse

Sie sind überzeugt, dass Ihr Umsatz überwältigend sein wird. Dabei vergessen Sie, dass Sie auch finanzielle Ressourcen brauchen, bis es so weit ist. Planen Sie Ihre Liquidität mit ein und beachten Sie, dass es mehrere Finanzierungsmöglichkeiten gibt. Sie lesen in der Phase drei mehr davon (S. 160).

Sie haben die Zeit nicht im Griff

Sie haben das Gefühl, dass Sie die Zeit managen können. Tun Sie auch, aber nur ihre eigene. Vergessen Sie nie, dass andere Menschen oder gar Branchen ihren eigenen Takt haben und Sie wahrscheinlich mehr Zeit einplanen müssen als Sie denken. Sie erstellen einen groben Projektplan in der Phase drei (S. 163)

Sie verkaufen sich schlecht

Sie sind von Ihrer Idee überzeugt und auch Experte in diesem Gebiet. Aber Sie sprechen Ihre Sprache und können es nicht erklären, Sie bringen es nicht auf den Punkt. Sie müssen nicht nur Innovator sein, sondern auch ein Verkäufer oder noch besser ein Überzeuger. In der Phase drei lernen Sie den Elevator Speech kennen (S. 167).

f. Nun geht es los

Darf ich vorstellen? – Nina und Beni

Nina und Beni werden Sie durch dieses Buch führen und lassen Sie immer wieder an ihren Dialogen teilhaben. Die beiden erklären Ihnen, welche Methoden oder Theorien Sie beachten sollen und sagen Ihnen auch warum.

Nina und Beni sind Freunde, obwohl sie 100-prozentig gegensätzlich sind. Vermutlich ist dieser Gegensatz entscheidend für ihre Freundschaft. Gegensätze ziehen sich an. Zusammen sind sie grossartig und unschlagbar.

Nina arbeitet eher mit der linken Hirnhälfte, Beni dagegen mit der rechten. Während Beni vor Ideen sprüht und sehr kreativ ist, bringt Nina ihr Wissen und ihre Struktur ein. Beni ist ein etwas chaotischer Macher, immer phantasievoll und begeisterungsfähig, während Nina überlegt, vorausdenkt und ordnet.

Die Eigenschaften von beiden sind auch für Sie wichtig, um gute Ideen wirklich erfolgreich umzusetzen. Lassen Sie sich von Nina und Beni unterstützen. Während Sie mit Ihrem rechten Hirn kreative Ideen einbringen, hilft Ihnen dieses Buch, das Vorgehen systematisch und logisch zu strukturieren. Oder inspirieren Sie Ihr linkes Hirn mit Techniken und werden dadurch ideenreicher und fantasievoller. Am Ende haben Sie ein fixfertiges Geschäftsmodell.

Phase 1 Kreieren

Sie werden nun ihre Idee genauer ausformulieren und auf die Bedürfnissen der Kunden anpassen.

Inhalt Phase 1

Phasen	Werkzeuge	Wird genutzt ...
	MindMap	..als Hilfsmittel, um ihre Gedanken zu skizzieren.
analize	Effectuation (Mittelorientierung)	..um Möglichkeiten und Ressourcen zu identfizieren.
	Kernkompetenzen	..um ihre Einzigartigkeit für das Werteangebot zu erfassen.
	Persona	..um eigentliche Bedürfnisse zu erkennen und das Geschäftsmodell danach auszurichten.
create	Werteangebot	..um ihr Angebot zu definieren und im Business Canvas in der Phase 2 aufzunehmen.
deliver	Prototyp	..zum Sichtbarmachen und als erster Test ihres Produktes oder Ihrer Dienstleistung.
	Lean Canvas	..als erste Zusammenfassung Ihres Produktes oder Dienstleistung.

1. MindMap

a. Weshalb?

Beni: Nina, ich habe eine Idee! Komm lass uns das einmalige und geniale Dingsbums erstellen und vermarkten!

Nina: Hmm ... ja! Ich möchte ja nicht Spielverderberin sein. Aber weisst Du, dass nur 13 Prozent aller neuen Ideen das Stadium der Markteinführung erreichen und insgesamt nur 7 Prozent der neuen Ideen die in sie gesetzten Erwartungen erfüllen[3]? Das tönt doch nicht so motivierend, oder?

Beni: Meine Idee ist aber super! Das klappt sicher. Ich habe Lust sofort zu starten!

Nina: Gut, ich mache mit, denn ich glaube auch an Dingsbums. Aber du versprichst mir, zwischendurch einen Halt einzulegen und gewisse Dinge zu überlegen. Dein Dingsbums ist spannend und erfolgversprechend. Aber nicht immer spielt das Glück mit und wenn wir gewisse Dinge beachten, steigt die Wahrscheinlichkeit, dass wir Erfolg haben.

Beni: Gut, ich werde Denkpausen einlegen. Aber du versprichst mir, meine Ideen nicht gleich abzuschmettern, sondern auch abzuwägen. Kreative Ideen gestalten die Zukunft!

Nina: Sicher, das wird toll! Du hast die Ideen und den Power, ich kann mein Managementwissen anwenden und eine gewisse Struktur einbringen. Das klappt!

Beginnen wir gleich. Schreib doch einmal deine Dingsbums-Idee auf! Dann können wir sie immer weiterentwickeln. Und wenn uns wieder etwas in den Sinn kommt, können wir es einfach ergänzen. So geht nichts verloren.

Bist du einverstanden mit einem MindMap?

 MEINE IDEE

b. Theorie

Die Methode Mind-Mapping wurde bereits in den 70er-Jahren vom Psychologen Tony Buzan entwickelt[4]. Beim Mind-Mapping ist die linke und die rechte Hirnhälfte beteiligt, dies vor allem, wenn auch Zeichen oder Skizzen eingebaut werden. Teilweise arbeitet unser Hirn dann so schnell, dass wir gar nicht mehr nachkommen mit Aufschreiben. Deshalb werden im MindMap nur Stichworte notiert. Durch die Verästelung reichen diese auch vollkommen, da die Worte in einen Zusammenhang gebracht werden. So verstehen Sie auch später den Sinn der Stichworte wieder.

Durch die Darstellung mit Ästen wird eine Gedächtniskarte erstellt. Das menschliche Gedächtnis funktioniert zum Teil genauso. Es kann Erinnerungen entlang von „Wegen" oder „Ästen" wiederfinden und abrufen. Zusätzlich können die Begriffe jedoch auch Assoziationen auslösen und so zu weiteren Angaben führen. Somit kann ein MindMap genutzt werden, um Informationen zu speichern und die Kreativität anzuregen.

c. Praxis

Beginnen Sie ein MindMap mit einer motivierenden Mitte. Dann werden Hauptäste gebildet, welche benannt werden. Die Hauptäste können sich weiter verästeln, wenn Ihnen zu diesem Thema zusätzliche Gedanken kommen. Manchmal erkennt man Verbindungen zwischen verschiedenen Ästen, dann werden diese auch aufgezeichnet. Kleine Zeichnungen aktivieren die rechte Hirnhälfte zusätzlich und ergänzen ein MindMap bestens. Beachten Sie, dass Sie ein MindMap meistens nicht in einem Zug erstellen können. Es wird sich entwickeln. Deshalb beginnen Sie hier Ihr MindMap mit Ihrer Idee. Kehren Sie immer wieder zum MindMap zurück, wenn Ihnen neue Dinge in den Sinn kommen. Das MindMap wird Ihre Zusammenfassung sein.

Lotusblume

Möchten Sie ein MindMap erstellen, um Ihre Idee zu entwickeln, nutzen Sie dazu die Lotusblume. Beginnen Sie wie beim MindMap mit einem Mittelpunkt. Fügen Sie acht oder mehrere Blütenblätter (Äste) bei und benennen Sie diese. Das bedeutet, dass Sie bereits etwas strukturierter arbeiten. Jeder dieser Äste hat weitere acht oder mehrere Blütenblätter, welche wiederum benannt werden. So entwickeln Sie Ihr MindMap immer weiter, bis in kleinste Details. Durch die Anzahl zusätzlicher Äste werden sie angeregt, zusätzliche Gedanken zu spinnen und aufzunehmen.

Lotus als MindMap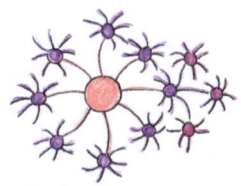

 und als Blume

d. Beispiel

Der Start dieses Buches war dürftig. Das MindMap diente eher einer ersten Zusammenstellung des Inhaltes. Auch war mir klar, dass ich Arbeitsblätter integrieren würde.

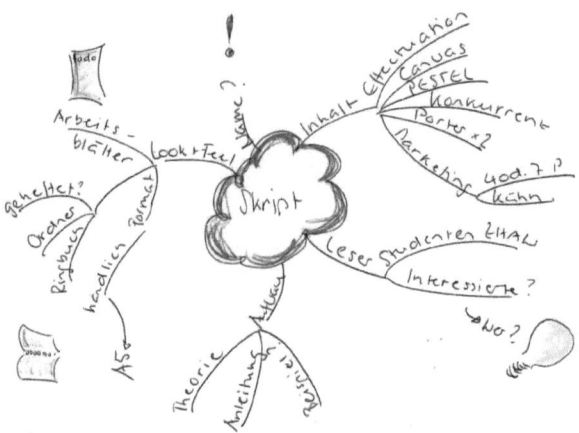

Erkenntnisse:

- Soll das Skript gebunden sein oder aus einzelnen Blättern bestehen, damit die Arbeitsblätter ersetzt oder multipliziert werden können? → Einzelne Blätter, da es sich um ein Arbeitsmittel handelt!
- Leser - wirklich nur Studenten des Kurses?
  Eine Freundin hat sich einmal für dieses Thema interessiert. Könnte sie es wohl auch nutzen?
- Hilfe!!! Wie beschreibe ich zum Beispiel ein Verkaufsgespräch?

2. Effectuation

a. Weshalb?

Nina: Beni, bevor wir zu entwickeln beginnen, schauen wir einmal, was wir bereits zur Verfügung haben und vielleicht nutzen können.

Beni: Brauchen wir das? Wir wissen ja was wir haben und können.

Nina: Ja das stimmt, aber lass uns ein paar Minuten investieren, vielleicht fällt uns noch mehr ein. Es hilft uns, gewisse Dinge einfacher, besser oder günstiger umzusetzen ... oder unsere Idee auszubauen.

Beni: Du hast mich bereits überzeugt! Wie gehen wir es an?

Nina: Ich habe über Effectuation Bücher gelesen[5]. Diese Art und Weise zu denken, hat mir Eindruck gemacht.

Effectuation verbindet Unternehmertum und Management. Unternehmertum braucht immer etwas Mut und Pioniergeist. Management stellt zur Umsetzung die richtigen Theorien zur Verfügung.

Beni: Könnte es sein, dass Du die Managerin bist und ich der Pionier?

Nina: Vielleicht hast Du Recht. Du wagst viel mehr, während ich Theorien wälze. Aber nun mehr zum Pionier, also über Dich!

Pioniere bewegen sich immer in unsicheren Gebieten, sonst wären sie keine Pioniere. Doch was charakterisiert einen erfolgreichen Pionier? Er traut sich etwas zu, geht jedoch nicht zu grosse oder sinnlose Risiken ein, indem er sich gleichzeitig absichert und abwägt.

Genau dies tut auch Effectuation. Effectuation unterscheidet die Dinge, welche der Pionier selbst kontrollieren oder beeinflussen kann und Ereignisse, welche einfach geschehen. Die zu beeinflussenden nutzt der Pionier, um mit dem Ungewissen besser umzugehen.

Beni: Leuchtet mir ein!

Nina: Auch die heutigen Unternehmen werden tagtäglich mit Unsicherheiten konfrontiert. Dies trifft umso mehr auf neue Ideen zu. Lernen wir also von erfahrenen Unternehmern.

Deine Idee ist neu und revolutionär, deshalb passt das Prinzip der Mittelorientierung von Effectuation bestens. Vielleicht wenden wir ein weiteres später an.

Mittelorientierung wird übrigens beschrieben durch das Sprichwort: „Lieber den Spatz in der Hand als die Taube auf dem Dach."

b. Theorie

Saras D. Sarasvathy studierte mit ihren Mitarbeitenden über zehn Jahre Unternehmertum und definierte fünf Prinzipien, um die Zukunft aktiv zu gestalten.[6]

Prinzip der Mittelorientierung (Bird in Hand):
Starten Sie mit dem, was Sie bereits haben. Bestehende Ressourcen und Kompetenzen werden multipliziert, um bestmögliche Resultate zu erzielen. Lassen Sie mystische Ziele in den Hintergrund treten und beginnen Sie in kleinen Schritten.

Prinzip der Partnerschaft (Crazy Quilt):
Gestalten Sie ein Netzwerk aus selbst gewählten Anspruchsgruppen und Partnern. Setzen Sie auf Personen, die sich aktiv beteiligen möchten. Suchen Sie mehr Partnerschaft als Konkurrenz.

Prinzip der Zukunftsorientierung (Pilot in the plane):
Gestalten Sie Ihre Zukunft mit Dingen, die Sie beeinflussen oder kontrollieren können. Dazu nutzen wir die Zusammenarbeit mit den selbst gewählten Partnern.
Die langfristige Planung wird durch Aktionsorientierung ersetzt. Das bedeutet mehr intelligente Flexibilität und Aktion statt aufwändiger Planung. Langfristige Planung ist in einer sich ständig verändernden Umwelt kaum möglich.

Prinzip des leistbaren Verlusts (Affordable Loss):
Investieren Sie nur, was Sie vermögen zu verlieren. Gehen Sie dadurch ein kalkulierbares Risiko ein.

Prinzip der Umstände und Zufälle (Lemonade):
Seien Sie offen für Überraschungen. Nutzen Sie diese als sinnvolle Inputs, anstatt sie zu verdrängen.
Nichts ist so sicher wie die Veränderung. Häufig treffen wir auf Dinge, die wir nie erwartet hätten. Nassim Taleb nennt dies die schwarzen Schwäne[7]. Nutzen wir doch solche Gegebenheiten als neue, wichtige Informationen und bauen sie in unsere Idee ein.

Wir nutzen als Erstes nur das Prinzip der Mittelorientierung. Dies soll uns das Fundament zur Umsetzung unserer Idee geben. Das Prinzip der Zukunftsorientierung wenden Sie bereits an, indem sie eine neue Idee haben und diese zu einem Geschäftsmodell entwickeln.

c. Praxis

Wir stellen uns folgende Fragen zum Prinzip der Mittelorientierung:

Fragen	Dies könnte betreffen....
Wer bin ich?	– Was sind meine Werte? – Was ist mir wichtig? – Welchen Charakter habe ich? – In welcher Kultur fühle ich mich wohl? – Wer bin ich? – ....
Was weiss ich?	– Welche Erfahrungen habe ich bereits im Beruf und/oder mit meinen Hobbys gemacht? – Was weiss ich? (Kenntnisse) – Was kann ich gut? (Fähigkeiten, Fertigkeiten) – Worin habe ich Übung? – ....
Wen kenne ich?	– Wer könnte mich unterstützen? – Wer kann meine Kenntnisse erweitern? – Wer kann etwas besser als ich? – Wo finde ich die richtigen Leute? ...in der Familie, unter Freunden, Bekanntschaften, Berufskollegen, im Verein...? – .....
Was habe ich?	– Wie gross ist meine finanzielle Sicherheit? – Welche sonstigen Sicherheiten habe ich? – Welche Infrastruktur steht mir zur Verfügung? – Welche Hilfsmittel habe ich bereits? – Was habe ich nicht und wer könnte es mir zur Verfügung stellen? – .....

Füllen Sie die folgende Tabelle aus und kennzeichnen Sie diejenigen Punkte, welche Ihnen bei der Umsetzung Ihrer Idee jetzt hilfreich sind Damit haben Sie bereits eine erste Übersicht über Ihre Ressourcen. Erweitern Sie die Tabelle, wenn Ihnen zusätzliche Punkte in den Sinn kommen. Schauen Sie Ihre Aufzeichnungen auch wieder einmal an, wenn Sie neue Ressourcen oder Ideen brauchen. Die Erkenntnisse der ersten beiden Fragen können Sie beim Kapitel Kernkompetenzen erneut nutzen.

Und planen Sie nie etwas, das gegen Ihre Werte oder gegen das, was Ihnen wichtig ist, verstösst![8]

Wer bin ich | Was kann ich?

Wen kenne ich? | Was habe ich?

d. Beispiel

Wer bin ich?	– *Lese gerne* – *Viel in Bewegung* – *Zuverlässig* – *Lust Neues zu versuchen* – *Kann nichts verkaufen, von dem ich nicht überzeugt bin.*
Was weiss ich?	– *Über 20 Jahre in der Erwachsenenbildung* – *Gute Schulnoten in Turnen und Zeichnen, schlecht in Deutsch ☹ → was dagegen tun!* – *Kenntnisse Strategieprozess* – *Aufbau einer Physiopraxis und Beratungsfirma* – *Erstellen von Arbeits-Unterlagen für den Unterricht (Vorgehensweise und Inhalt)* – *Coaching Ausbildung*
Wen kenne ich?	– *Mutter: Kann gut korrigieren → Orthografie und Schreibstil* – *Lebenspartner: SocialMedia und Internet* – *Studenten aus dem Unterricht*
Was habe ich?	– *Sichere Arbeitsstelle mit genügend Auskommen – Unabhängigkeit* – *Büro und Arbeitsmittel (z. B. Farbstifte) zu Hause*

Erkenntnisse:

- Just do it! Ich habe genug Erfahrung, das Skript selbst zu erstellen.
- Ich versuche, selbst zu illustrieren! Wollte schon immer wieder mehr zeichnen.
- Ich werde alles korrigieren und redigieren lassen, das ist nun wirklich nicht meine Stärke. Dies könnte meine Mutter übernehmen – anfragen!
- Ich werde von Beginn an richtig zitieren! Die Studenten sind teilweise wissenschaftlich orientiert und das aufwändige Suchen im Nachhinein kann ich mir ersparen!

Prinzip der Mittelorientierung

Wer bin ich?

Was weiss ich?

Wen kenne ich?

Was habe ich?

3. Kernkompetenzen

a. Weshalb?

Beni: Ich freue mich, dass wir gemeinsam bereits so tolle Mittel und Ressourcen zur Verfügung haben.

Nina: Da hast du Recht. Nun müssen wir uns überlegen, ob dies auch vorteilhaft ist. Unterscheiden wir uns von anderen oder versinken wir in der grossen langweiligen Masse?

Beni: Ich bin mir sicher, dass wir in gewissen Dingen besonders sind und uns abheben von anderen.

Nina: Das glaube ich auch. Lass uns diese Alleinstellungsmerkmale Kernkompetenzen nennen. Ich erkläre dir gerne, was damit gemeint ist.

Beni: Wir wollen also durch Kernkompetenzen unsere Einzigartigkeit hervorheben.

Nina: Ja, und wenn diese Kernkompetenzen unseren Kunden einen Nutzen bringen, kann dies unseren Erfolg ausmachen. Aber nicht alle Kompetenzen haben eine Nachfrage. Vielleicht schaffen wir gar eine völlig neue Idee, wenn wir eine Kernkompetenz finden, welche wir bis jetzt nicht beachtet haben.

„Es kommt darauf an, sich von den anderen zu unterscheiden; ein Engel im Himmel fällt niemandem auf."
George Bernard Shaw

b. Theorie

Kernkompetenzen wurden von Hamel und Prahalad als Brücken in die Zukunft bezeichnet[9]. Das Erkennen von Kernkompetenzen führt zu einer ressourcenbasierten oder inside-out Strategie[10].

Kernkompetenzen sind immer eine Kombination von Fähigkeiten oder Kompetenzen, welche erlauben, dem Kunden einen bestimmten Nutzen anzubieten. Häufig kann dieses Portfolio von Fähigkeiten quer durch alle Geschäftseinheiten genutzt werden. Kernkompetenzen haben folgende Eigenschaften[11]:

- Sie sind wertvoll, denn sie stellen für die Kunden einen Nutzen dar (valuable).
- Sie sind selten und nicht durchschnittlich (rare).
- Sie sind schwer zu imitieren (inimitable).
- Sie sind schwer zu substituieren (not substitutable)
- Sie sind in der Organisation verankert (organized).

Wertvoll?	Selten?	Schwer zu imitieren	Schwer zu substituieren	Fit zur Organisation	Wettbewerbseffekt
nein	Nachteil				
ja	nein				Parität
ja	ja	nein			Temporärer Vorteil
ja	ja	ja	nein		Inkrementeller Vorteil
ja	ja	ja	ja	nein	Nachhaltiger Vorteil
ja	ja	ja	ja	ja	Kernkompetenz

Abb: angelehnt an VRIO Modell [12]

Kernkompetenzen nutzen der Zukunftssicherung, indem sie das Unternehmen dauerhaft unterscheidbar machen[13]. Dies wird auch Unique Selling Proposition (USP) genannt.

Weiter können neue und alte Kompetenzen sowie bestehende und neue Märkte unterschieden werden. Je nach Kombination ergeben sich unterschiedliche Marktchancen.

	bestehender Markt	neuer Markt
bestehende Kernkompetenzen	**Lücken füllen** Kernkompetenzen in Märkten stärker entwickeln, besser ausschöpfen	**Weisse Flecken** Kernkompetenzen neu einsetzen oder anders kombinieren für neue Angebote
neue Kernkompetenzen	**Herausragende Position** Kernkompetenzen aufbauen, um als führende Organisation betrachtet zu werden	**Mega-Chancen** Kernkompetenzen aufbauen, um an interessanten Märkten teilnehmen zu können

Abb. Vier Basisstrategien[14]

c. Praxis

In unserer Praxis werden v. a. die beiden ersten Strategien von Hamel und Prahalad angewendet. Dies bedeutet, dass wir bestehende Kernkompetenzen in bestehenden oder neuen Märkten nutzen.

Wie können Kernkompetenzen erkannt werden?

Erfolge
- Welche Erfolge hatten Sie in der Vergangenheit? Erzählen Sie einige Erfolgstories!
- Welche Kompetenzen haben Ihnen geholfen Erfolg zu haben?
- Für was wurden Sie bereits einmal ausgezeichnet?

Nutzen
- Haben Sie einmal einen besonderen Nutzen für andere erbracht, der sehr geschätzt wurde? Welches war dieser Nutzen und durch welche Fähigkeiten konnten Sie diesen Nutzen erbringen?
- Wegen welchen Fähigkeiten sind Sie einzigartig für andere?

Fähigkeiten
- Welche Fähigkeiten finden andere nicht selbstverständlich?
- In welchem Gebiet haben Sie bereits wertvolle Erfahrungen, die andere nicht haben?

Ausbauen
- Welche bestehenden Kompetenzen könnten Sie ausbauen und dadurch zusätzlichen Nutzen oder Einzigartigkeit generieren?
- Wo haben Sie bereits eine Stärke, die hervorragend werden könnte?

Kombinieren
- Welche Kompetenzen könnten Sie so kombinieren, dass daraus eine neue, einzigartige Kompetenz entsteht?
- Welche Fähigkeiten könnten Sie mit welchen Ressourcen kombinieren und dadurch aussergewöhnliche Leistungen erbringen?

Tipp: Schreiben Sie einmal alle Ihre Fähigkeiten auf ein Blatt Papier. Verbinden Sie verschiedene Kompetenzen und überlegen Sie sich, ob daraus Neues entsteht, das Sie gut nutzen könnten. Greifen Sie dabei auch auf Erkenntnisse aus der Mittelorientierung zurück.

d. Beispiel

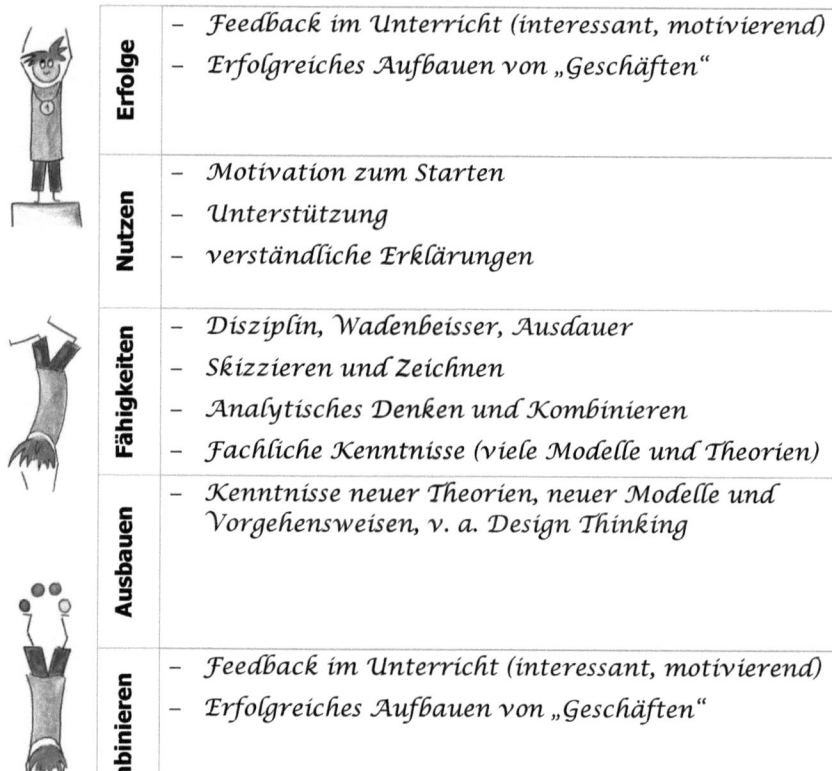

Erfolge	– Feedback im Unterricht (interessant, motivierend) – Erfolgreiches Aufbauen von „Geschäften"
Nutzen	– Motivation zum Starten – Unterstützung – verständliche Erklärungen
Fähigkeiten	– Disziplin, Wadenbeisser, Ausdauer – Skizzieren und Zeichnen – Analytisches Denken und Kombinieren – Fachliche Kenntnisse (viele Modelle und Theorien)
Ausbauen	– Kenntnisse neuer Theorien, neuer Modelle und Vorgehensweisen, v. a. Design Thinking
Kombinieren	– Feedback im Unterricht (interessant, motivierend) – Erfolgreiches Aufbauen von „Geschäften"

Erkenntnisse:

- Meine Kernkompetenz ist die Vernetzung von Theorie und Praxis durch eigene Erfahrungen.
- Durch die Coachingausbildung habe ich gelernt mit Fragen zu führen → Das Skript soll durch offene Fragen die Lesenden unterstützen und ihren Weg gehen lassen → kein Rezept!
- Anbieten von Methoden → Das Skript wird ein Buffet, die Lesenden entscheiden, was sie wählen. Eine logische Vorgehensweise wird vorgeschlagen.

Kernkompetenzen

Erfolge	
Nutzen	
Fähigkeiten	
Ausbauen	
Kombinieren	

4. Von der Persona zum Kunden

a. Weshalb?

Beni: Nun beginnen wir aber mit Dingsbums.

Nina: Beni, für wen machen wir überhaupt Dingsbums? Wer wird das kaufen?

Beni: Ja halt unsere Kunden……..

Nina: Sollten wir uns darüber nicht mehr im Klaren sein, wer unsere Kunden sind? Lass uns doch einen Kunden beschreiben. Im Marketing nennt man das Persona. Durch die Persona und deren Geschichte wird einem klar, dass Kunden nicht eine einheitliche Masse sind, sondern Menschen wie du und ich. Durch Personas und deren Geschichten werden uns unsere Zielgruppe und deren Nutzen durch Dingsbums bewusster und realer. Das hilft, Dingsbums kundenorientierter zu entwickeln. Wir können durch die konkrete Geschichte auch eher Rückschlüsse auf das Verhalten unserer zukünftigen Kunden ziehen.

Beni: Gut, ich beginne. Da ist Freddy, er studiert und hat immer viele Ideen. Aber er liest nicht gern, obwohl er im Studium ist. Am liebsten würde er einfach immer möglichst rasch seine Ideen umsetzen. Jetzt zum Beispiel hat er gerade Dingsbums im Kopf. Er braucht aber etwas Hilfe.

Nina: Oh! Der gleicht dir ziemlich. Das ist typisch für uns Menschen. Als erstes gehen wir immer von uns aus, da wir uns selbst am besten verstehen und das Verhalten nachvollziehen können. Wir lassen Freddy wie er ist, werden jedoch noch mehr daran arbeiten. Lass uns noch eine weitere Person dazu nehmen.

Anhand dieser Persona werden wir später unsere Zielgruppe oder Kundensegmente definieren. Wir werden verstehen, welche Sorgen diese Personen plagen und welchen Nutzen unser Dingsbums generieren kann.

b. Theorie

Das Wort Persona (lat. Maske) wurde ursprünglich in der Psychologie genutzt und meint Persönlichkeit. Im Marketing wird es als Modell der Nutzer angewendet, also als Nutzermodell. Die Persona ist die Fiktion eines typischen Nutzers, welche mit Namen und weiteren Details beschrieben wird. Durch die Beschreibung der typischen, meist demografischen Merkmale, ihren Herausforderungen und Zielen versetzt man sich in den potentiellen Nutzer des zukünftigen Produktes oder der Dienstleistung. Die Persona bildet später ein Kundensegment oder eine Zielgruppe ab.

Um eine Persona professionell zu entwickeln, benützt man quantitative und qualitative Daten. Diese werden dann durch Gruppierung oder Segmentierung in Personas eingebracht. Häufig genügt es aber bereits, sich in die Kunden einzufühlen und durch die Beschreibung deren Bedürfnisse noch besser zu erfassen.

Personas kann man zur Entwicklung oder Verbesserung eines Produktes verwenden. Später werden Personas auch genutzt, um das Marketing und die Werbung auf die Zielgruppe abzustimmen.

Beschreibung Persona	Aufgaben (to be done)

Frust (Pains)	Lust (Gains)

Theoretische Zwischenbemerkung: To be done

Es ist wichtig, die Erkenntnisse über die Persona auch auf Daten abzustützen. Dies stellt eine erste kleine Marktforschung dar. Die einfachste Methode ist das Interview[15] mit Vertretern der potentiellen Zielgruppe. Mit Interviews wird erhoben oder bestätigt, welche Bedürfnisse der zukünftigen Nutzer mit dem potentiellen Angebot erfüllt werden sollen.

Was möchte der Nutzer?
Weshalb möchte der Nutzer das?
Was bringt es dem Nutzer?

WAS?

Später wird durch das Beschreiben des Angebotes dargelegt, **WIE** das Werteangebot dieses Bedürfnis erfüllt.

Ein einfacher Fragerahmen[16] hilft, den Bedürfnissen auf den Grund zu gehen:

Wenn	will ich	so kann ich .... !
Wenn ich im Zug sitze	will ich arbeiten	so kann ich die Zeit nutzen und habe mehr Freizeit!
Wenn ich eine Geschäftsidee habe	will ich diese professionell angehen	so kann ich deren Erfolg erhöhen und mich darüber freuen!

„Urteile nie über einen anderen, bevor Du nicht einen Mond lang in seinen Mokassins gegangen bist"
Indianisches Sprichwort

Theoretische Zwischenbemerkung: Kundenbedürfnisse nach Gälweiler

Gälweiler stellt die Bedürfnisse ins Zentrum der Strategie[17]. Dabei unterscheidet er Originärbedürfnisse und deren Erfüllung. Originärbedürfnisse sind dauerhaft und verändern sich kaum. Ihre Erfüllung kann jedoch durch die Veränderung der Technologie und durch neue Angebote auf dem Markt auf unterschiedliche Weise erfolgen. Nehmen wir als Beispiel das Bedürfnis Kommunikation. Kommunikation findet statt durch Direktkontakt, telefonisch, per Brief mit der Post, per E-Mail oder als Chatfunktion.

Im Marketing wird häufig zwischen Primär- und Sekundärbedürfnis unterschieden. Dabei entsprechen die Primärbedürfnisse den Originärbedürfnissen nach Gälweiler. Diese verändern sich kaum. Wie diese Bedürfnisse gestillt werden, ist wiederum unterschiedlich. Entscheidet sich der Kunde für den einen Weg und zieht diesen allen anderen vor, spricht man von einem Sekundärbedürfnis. Als Beispiel könnte man Durst und das Bedürfnis nach Flüssigkeit aufführen. Den Durst stillen kann man mit Wasser, Tee, Bier oder Süssgetränken. Der Kunde verspürt das Bedürfnis nach einem bestimmten von ihm bevorzugten Getränk. Dieses Verlangen wird durch Werbung gerne gezielt beeinflusst.

Die Sekundärbedürfnisse und die verschiedenen Arten der Erfüllung der Originärbedürfnisse geben gute Hinweise auf mögliche Substitute und Marktlücken.

Gälweiler identifiziert die Kundenprobleme (Bedürfnisse) und die verschiedenen Ebenen der Erfüllung mit folgenden Fragen[18]:

- Welches Problem hat der Kunde? Wie lässt sich dessen Bedürfnis definieren?
- Welche Lösungsansätze bietet der Markt?
- Welche Lösungsansätze bietet das eigene Unternehmen bereits?
- Worin könnten potenzielle neue Lösungstechniken bestehen?
- Welche Tendenzen zeichnen sich in der Forschung ab?

Diese Erkenntnisse fliessen in das Werteangebot (Value Proposition, S. 45) und in die Branchenanalyse (S. 74) in der Phase zwei.

c. Praxis

Man startet mit einem typischen Vertreter der Zielgruppe, gibt ihm einen Namen und vielleicht sogar ein Bild dazu. Bilder brennen sich besser im Hirn ein. Dann wird diese Person beschrieben. Je nach Produkt oder Dienstleistung werden gewisse Punkte mehr hervorgehoben oder weggelassen. Am besten nimmt man diese Persona immer wieder hervor und beschreibt mehr Details oder lässt sich erneut durch ihre Geschichten leiten. Fragen Sie häufig auch: Für was, warum, weshalb, wieso, wozu?

Folgende Punkte können einbezogen werden:

Demografische Angaben
- Alter?
- Geschlecht?
- Gesundheit?
- Nationalität?
- Zivilstand?

Privat
- Wie lebt die Persona?
- Wer sind ihre Familie und Freunde?
- Welche Hobbys hat die Persona und wie verbringt sie die Freizeit?

Beruf
- Welche Ausbildung und Weiterbildung besuchte sie?
- Welchen Beruf hat sie ergriffen?
- In welcher Funktion arbeitet sie?
- Welches Einkommen hat sie?

Ziele, Nutzen
- Welche Ziele hat die Persona?
- Wohin möchte die Persona?
- Was freut die Persona?
- Welchen Gewinn sucht die Persona?
- Welcher Nutzen würde die Persona weiterbringen?

Probleme, Heraus-forderungen
- Welche Probleme stören diese Persona?
- Welche Herausforderungen treten an sie heran?
- Welche Nöte oder Sorgen plagen sie?
- Was hat sie und will sie nicht?
- Was will sie und hat sie nicht?

Falls Sie ein einheitliches Muster Ihrer Personas erkennen, beschreiben Sie dieses in einem Satz. Dieses übernehmen Sie dann ins Value Proposition (vgl. S. Seite 45) im nächsten Kapitel.

d. Beispiel

Persona Dani

Dani, 28 Jahre alt, ist Physiotherapeut und nebenberuflich in einer Masterweiterbildung an einer Fachhochschule. Er hat den CAS Ergonomie besucht und möchte seine neuen Erkenntnisse nutzen. Am liebsten würde er dies in Teilzeit selbstständig ausüben und daneben weiterhin als Physiotherapeut arbeiten. Dani muss wegen seines Studiums viel lesen und arbeitet jedoch praktisch. Von Theorie hat er genug. Dani scheut sich noch vor den ersten Schritten, da er nicht weiss, wie man eine Geschäftsidee entwickelt und auch nicht, wie man ein Geschäft gründet. Er besucht deshalb das Modul Geschäftspositionierung und Marketing, surft aber in der Freizeit häufig auch nach fachlichen Inputs im Internet.

Persona Irene

Irene ist Logopädin. Sie ist verheiratet und hat zwei Kinder. In der Freizeit singt sie in einem Chor oder begleitet Interessierte auf einer Stadtführung. Irene hat einen langen Arbeitsweg. Diese Zeitverschwendung stört sie hin und wieder. Nach vielen Jahren hat sie Lust auf etwas Neues und könnte sich auch vorstellen selbstständig etwas auf die Beine zu stellen. Doch in ihren Gedanken herrscht noch ein wildes Durcheinander. Irene hat wenig Management-Erfahrung. Sie sucht eine Leitlinie, um ihre Gedanken zu ordnen und ihre Ideen in eine sinnvolle Richtung zu bringen.

Originärbedürfnis:

Die Personas möchten mit Unterstützung ihr eigenes Geschäftsmodell entwickeln!

Erkenntnisse:

- Skript darf nicht zu lang werden, wenig Text, viel Praxis, evtl. auflockern als Gegensatz zur üblichen Theorie, evtl. elektronisch ergänzen
- Skript muss als Arbeitsbuch benutzt werden können
- Irene hat einen langen Arbeitsweg und überlegt sich vieles im Zug ⇨ leere Seiten im Skript integrieren für Ideen – am besten auf der rechten Seite, damit einfacher geschrieben werden kann (Rechtshänderin)
- Ziel des Skriptes ist, eine eigene Geschäftsidee zu kreieren und evtl. auch anzuleiten, wie man beginnt, nicht nur Theorie zu vermitteln.

Meine Persona

Demografische Angaben

Privat

Beruf

Ziele, Nutzen

Probleme, Herausforderungen

5. Value Proposition

a. Weshalb?

Beni: Nun kennen wir unseren Kunden ziemlich gut. Ich finde, dass Dingsbums perfekt zu unserer Persona passt.

Nina: Das ist auch wichtig. Sagt man nicht: Der Wurm muss dem Fisch, nicht dem Angler schmecken!

Um diese Übereinstimmung noch besser hervorzuheben, könnten wir eine Analyse des Werteangebotes machen. In Neudeutsch heisst dies Value Proposition.

Beni: Du meinst, dass wir die Kunden und deren Bedürfnisse dem Nutzen von Dingsbums gegenüberstellen?

Nina: Genau! Es gibt ein ganzes Buch über diese Vorgehensweise[19]. Das scheint mir ideal, sonst schmeckt am Schluss Dingsbums nur uns.

Beni: Ich nehme an, dass wir wieder einmal ein Arbeitsblatt ausfüllen.

Nina: Sicher, noch besser wäre ein grosses Plakat an der Wand, welches sich stetig weiterentwickelt.

Der Fisch muss dem Angler schmecken! Aber was genau ist mit dem Wurm?

b. Theorie

Mit dem Vorgehen aus dem Buch Value Proposition Design von Alexander Osterwalder[20] werden die Eigenschaften des Produktes oder der Dienstleistung auf die Kundenbedürfnisse abgestimmt. Es wird überprüft, ob das Angebot die Erwartungen erfüllt und den Kunden in seinem Alltag unterstützt.

Wichtig dabei ist, dass die Werteangebote nicht nur aus einem Produkt bestehen müssen. Es kann sein, dass ein Produkt mit einer Dienstleistung (z. B. Service) kombiniert wird oder umgekehrt.

Dazu wird als Erstes der Kunde beschrieben (siehe Persona) und später das Angebot in Einzelheiten beschrieben. Dann wird die Übereinstimmung ausgewertet und es werden allfällige Anpassungen vorgenommen.

Kunde

Kundenaufgaben	Aufgaben der Kunden im Alltag, sei dies bei der Arbeit, in der Freizeit oder zu Hause
Probleme	Herausforderungen, die im Alltag auftreten, schlechte Resultate oder Erfahrungen
Gewinne	Ergebnisse oder Vorteile, welche die Kunden suchen

Werteangebot

Produkt	Alle Elemente des Angebots
Problemlöser	Lösen die Probleme der Kunden
Gewinnerzeuger	Erzeugen Gewinn für die Kunden

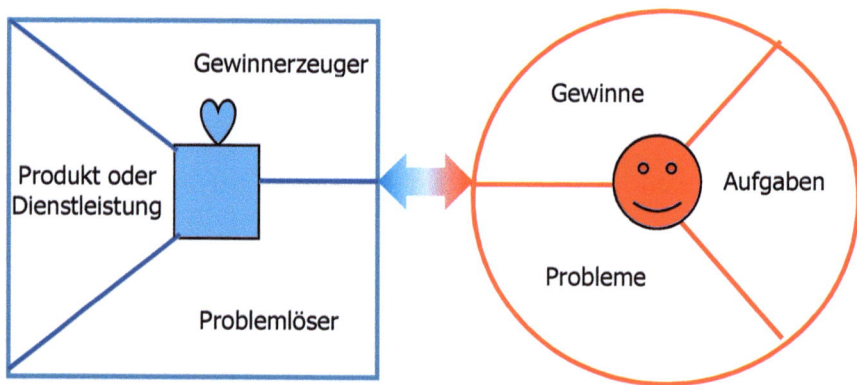

Abb.: Value Map[21]

Theoretische Zwischenbemerkung: Analyse Kundennutzen

In der Value Map wird die Übereinstimmung der Kundenbedürfnisse mit dem Werteangebot geprüft. Dies kann man durch die Analyse des Kundennutzens noch verfeinern. Der Kunde entscheidet immer anhand der Gesamtleistung. Die Gesamtleistung besteht aus dem Produkt oder der Dienstleistung und den Servicemerkmalen. Aus der Kombination von Produkt/Dienstleistung und Service ergibt sich die relative Qualität für den Kunden. Diese wird bewertet und dient als Entscheidungsgrundlage.

Leitfaden zur Analyse der relativen Qualität:

- Legen Sie die Kaufkriterien anhand der Bedürfnisse, Probleme und Gewinne fest.
- Gewichten Sie diese Motive.
- Ermitteln Sie die Elemente ihres Werteangebotes und deren Qualität in Bezug auf die Bedürfniserfüllung der Kunden.

Die wichtigsten Kaufkriterien fliessen später in die kritischen Erfolgsfaktoren ein und werden dann mit den Angeboten der Konkurrenten verglichen.

Beispiele für Aktivitäten unter Service:

- Verfügbarkeit und Lieferfrist
- Erreichbarkeit und Öffnungszeiten
- Garantie
- Wartung und Ersatzteile
- Unterstützung (Hotline, Anleitung, Schulung, Beratung)
- Zahlungskonditionen
- Bestellkanal und Lieferart
- Montage
- Anpassungen oder Individualisierung durch Anbieter
- Gestaltungsmöglichkeiten durch Abnehmer
- Erleichterung der Anwendung und Arbeit mit dem Produkt

„There is only one boss.
The customer!
And he can fire everybody
in the company."
Sam Walton

Theoretische Zwischenbemerkung: Darf es ein wenig mehr sein?

Im Marketing spricht man davon, dass nicht nur die eigentlichen Produkte oder Dienstleistungen verkauft werden, sondern Emotionen. Dabei spielt das Lust–Unlust–Prinzip eine wichtige Rolle. Kaufmotive können durch Vermeidung von Unlust oder durch Erreichung von Lust entstehen. Die vermeidenden Motive durch Unlust können Problembeseitigung oder –vermeidung, unvollständige Zufriedenheit, gemischte Annäherung/Vermeidung (z. B. Genuss ohne Reue) oder gewöhnliche Erschöpfung wie z. B. Langeweile sein. Positiv entstandene Motive (Lust erhöhende Motive) sind intellektuelle Stimulation, soziale Anerkennung oder sensorische Gratifikationen[22]. Zusätzliche positive Bedürfnisse können sein: Freude, Aufregung, Kompetenzerleben, Stolz, Status usw.

Wie bereits oben beschrieben, wird jedes Angebot immer im Gesamten bewertet. Bewertet das Hirn das Angebot als Bedürfnis befriedigend (Lust fördernd), erfolgt eine Annäherung, sonst eine Vermeidung. Dabei überwiegen bei der Bewertung des Angebotes emotionale Bedürfnisse häufig. Rationale Überlegungen werden davon überschattet. Es ist nun zu überlegen, wie das Werteangebot durch zusätzliche Emotionen oder Bedürfniserfüllungen wertvoller gemacht werden kann.

Beispiele:

Werteangebot	Beispiel 1	Beispiel 2	Beispiel 3
Produkt oder Dienstleistung	Backofen mit Steamer	Haarschnitt beim Coiffeur	ärztliche Betreuung durch Hausarzt
Service und Unterstützung	Kochkurs für Steamer	Walk-in Schnitt, offen am Abend	Heimbesuch
Zusatzbedürfnisse und Emotionen	modernes Design	Starcoiffeur als Statussymbol	Sicherheit und Vertrauen

c. **Praxis**

Aufgaben	
Welche privaten oder beruflichen Aufgaben hat der Kunde im Alltag?	
Probleme	**Gewinn**
– Welche Probleme, Risiken oder Herausforderungen behindern oder stören den Kunden? – Welche Hürden stehen ihm im Weg?	– Welche Ergebnisse wollen die Kunden erzielen? – Welche Vorteile suchen sie? – Was sind ihre Ziele?
Kurzbeschreibung	Das gemeinsame Muster der Personas aus Sicht des Kunden!
Problemlöser	**Gewinnerzeuger**
– Wie löst das Produkt oder die Dienstleistung die Probleme des Kunden? – Wie erleichtert das Angebot dem Kunden das Leben?	– Wie erzeugt das Produkt oder die Dienstleistung Gewinne für den Kunden? – Was macht das Angebot wertvoll für den Kunden?
Eigenschaften	
Welche Produkte oder Dienstleistungen machen das Werteangebot aus?	

Mögliche Probleme	**Mögliche Gewinne**
– Zeitverlust – hohe Kosten – fehlendes Wohlbefinden – Gefahren, Risiken – Wissenslücken – Ärger, Angst – negative soziale Folgen – bauliche Hürden, Platzmangel – anwenderunfreundlich, kompliziert	– Einsparungen (Zeit, Geld) – Gewinne und Erfolge – Fitness, Gesundheit – Sicherheit – Informationen – Freude – Ansehen, Anerkennung – Beziehung – Bequemlichkeit – Design – Wünsche erfüllen, Ziele erreichen

d. Beispiel

Aufgaben
Im Studium Geschäftsidee entwickeln

Probleme	Gewinn
– viel lesen wegen Studium – wenig Zeit – hat bis jetzt keine Erfahrung mit Management und Geschäftsmodellen	– eigene Geschäftsidee in der Praxis umsetzen – Methodik lernen und später wiederverwenden können – für die Modularbeit keine Zusatzaufwände

Ich möchte selbstständig eine Geschäftsidee entwickeln.

Problemlöser	Gewinnerzeuger
– logischer Aufbau des Skriptes, Begleitung – kurze, theoretische Erklärungen – wissenschaftlich zitieren	– Arbeitsbuch ist jederzeit verfügbar und es kann daran gearbeitet werden – Unabhängigkeit – Am Ende sind Geschäftsmodell und Modularbeit fertig

Eigenschaften
– Skript zum Lesen und Arbeitsblätter ermöglichen es, gleichzeitig an der Geschäftsidee zu arbeiten – selbsterklärend – logischer Aufbau entlang der Entwicklung einer Geschäftsidee

Erkenntnisse:

- Möglichst hohe Selbstständigkeit ermöglichen – genaue begleitende Erklärungen, aber nicht zu viel
- Arbeitsblätter auch elektronisch zur Verfügung stellen – responsive, damit es auf dem Natel genutzt werden kann: Wie ist das möglich? Abklären!
- Inhalt entspricht Unterricht
- Es sollte klar sein, was gelesen werden muss und was nicht – einheitlicher, wiederkehrender Aufbau
- Auflockern!

Werteangebot (Value Proposition)

Aufgaben	
Probleme	**Gewinn**

Gemeinsames Muster der Abnehmer

Problemlöser	Gewinnerzeuger
Eigenschaften	

6. Prototyp

a. Weshalb?

Beni: Ich finde unser Dingsbums schon ziemlich konkret. Was denkst du Nina? Sollen wir Dingsbums Nora und Aron zeigen? Die haben auch immer so gute Einfälle!

Nina: Gute Idee! Lass uns einen Prototyp bauen, damit sich Nora und Aron Dingsbums besser vorstellen können. Dann wird das Feedback konkreter.

Beni: Bauen tönt nach meiner Aufgabe! Ich werde mir mal Material beschaffen und etwas basteln.

Nina: Danke! Und wenn du eine Idee hast, wie man gewisse Funktionen von Dingsbums imitieren kann, wird der Prototyp noch toller. Am idealsten ist es, wenn der Prototyp genau so gebaut ist, dass unsere offenen Fragen beantwortet werden.

Beni: Offene Fragen? Ich weiss doch bereits alles von Dingsbums!

Nina: Bist du sicher? Weisst du zum Beispiel, wie die Kunden Dingsbums genau anwenden werden? Bist du sicher, dass sie damit zurechtkommen? Meinst du das Aussehen von Dingsbums gefällt?

Beni: Oh, ich sehe worauf du hinauswillst. Werde mich dahinter machen. Ich weiss schon, wie ich den Prototyp nennen werde. Es wird Dingsbums A.

Nina: Das ist gut. Lieber keinen persönlichen Namen. Wir dürfen den Prototyp nicht zu liebgewinnen, sonst sind wir für Änderungen nicht mehr offen.

Never fall in love with your first prototype!

b. Theorie

Im Design Thinking werden Protoypen so früh als möglich eingesetzt. Sie ermöglichen, erste Ideen zu erproben und Erfahrungen zu sammeln. Leitender Grundgedanke ist, möglichst bald zu scheitern und daraus zu lernen. Entdecken Sie in Ihrem Produkt oder Ihrer Dienstleistung die Fehler lieber früh, d. h. bevor Sie viel Zeit und Arbeit für etwas Unbrauchbares aufwenden. Prototypen werden im Design Thinking immer und immer wieder genutzt.

Teilweise werden auch andere Wörter anstelle von Prototyp genutzt, welche aber etwas Ähnliches aussagen[23]:

MvP oder Minimal viable Product:
Minimal funktionsfähige Ausführung eines Produkts, um mit kleinem Aufwand Kundenfeedback zu erhalten. Das könnte zum Beispiel ein elektronisches Fragebogentool sein, welches die Ergebnisse in Tabellen zeigt, aber noch keine Grafiken erstellt.

Mock Up:
Komplettes Produkt oder Attrappe, welche die Funktionen des Produktes oder der Dienstleistung präsentiert. Das Mock Up gibt einen Gesamteindruck, ohne notwendigerweise zu funktionieren. Dies kann z. B. ein aus Kartonwänden nachgebauter Raum sein.

Wireframe:
Dies ist ein konzeptioneller Entwurf, der bereits einige funktionale Aspekte oder die Anordnung von Elementen aufzeigt. Wireframes werden häufig genutzt, um Webseiten oder Apps zu simulieren. Sie können digital oder als Skizzen auf Papier erstellt werden.

In dieser Phase wird der Prototyp eingesetzt, um Feedback einzuholen. Sie testen Ihr Produkt oder Ihre Dienstleistung, indem Sie anderen Menschen davon erzählen, sie ausprobieren lassen und deren Reaktionen aufzeichnen. Am besten eignen sich potenzielle Kunden, dann können Sie zusätzlich den Nutzen und die Akzeptanz Ihres Werteangebotes testen. Überlegen Sie sich vor dem Bau oder der Befragung der Kunden, was genau Sie noch wissen möchten und planen Sie anhand der offenen Fragen.

Beachten Sie, dass Sie Ihre eigene Idee möglicherweise zu gut finden und sie Ihnen fälschlicherweise begehrenswert und machbar erscheint. Der Prototyp dient der Entwicklung, nicht der Bestätigung!

Prototypen eignen sich nicht, um ganze Geschäftsmodelle darzustellen. Dies übernimmt der Lean Canvas (S. 58) oder der Business Canvas (S. 139).

Theoretische Zwischenbemerkung: 10 Grundsätze für Prototypen

Um die Kraft von Prototypen zu entfesseln, dienen Ihnen folgende zehn Grundsätze[24]:

Machen Sie es sichtbar und konkret

Sicht- und Spürbares regt zu Gesprächen an, die Sie nutzen können.

Sehen Sie die Welt mit unverstelltem Blick

Lassen Sie ihr vorhandenes Wissen nicht Ihren Entdeckungen im Wege stehen. Versuchen Sie auch das Unmögliche. Nehmen Sie den Blickwinkel eines Alien oder Kleinkindes ein.

Schaffen Sie Alternativen

Verlieben Sie sich nicht in die erste Idee. Schaffen Sie immer weitere Alternativen und legen Sie sich nicht zu früh fest.

Fallen Sie nicht in Panik

Vieles ist noch ungewiss. Sie sind in einem Zustand des Fliessens. Verfallen Sie nicht in Angst, das ist normal. Legen Sie sich nicht zu früh fest, um vermeintliche Sicherheit zu gewinnen.

Beginnen Sie mit geringer Genauigkeit

Gehen Sie vom Groben ins Detail. Bleiben Sie allgemein, preiswert und seien Sie schnell. Verfeinern Sie erst, wenn Sie genügend wissen.

Suchen Sie Kritik

Bitten Sie rechtzeitig und häufig um Feedback.

Werden Sie schneller, indem Sie früh und preiswert scheitern

Scheitern in der Phase des Prototyps ist tausend Mal günstiger als später zu scheitern.

Verwenden Sie Kreativitätstechniken

Lassen Sie sich von Techniken auch auf andere Wege führen und wagen Sie frei zu denken.

Schaffen Sie Schreckmodelle

Unerhörte Prototypen regen zu Diskussionen an. Es ist auch wichtig zu wissen, was nicht funktioniert.

Dokumentieren Sie

Stellen Sie sicher, dass Sie die Einsichten und Fortschritte festhalten. Dokumentieren Sie auch die unterschiedlichen Prototypen. Vielleicht brauchen Sie diese später nochmals.

Theoretische Zwischenbemerkung: Kundentest

Scheuen Sie sich nicht, Ihre potenziellen Kunden bereits im Voraus zu befragen. Dabei können Sie mündlich oder gar schriftlich vorgehen.

Einfache Fragen ermöglichen Ihnen, die Übereinstimmung der Kundenwünsche mit den Eigenschaften des Produktes oder der Dienstleistung zu überprüfen.

Um zu erfahren, wie wichtig einzelne Kriterien oder Eigenschaften sind, stellen Sie folgende Fragen:

funktional: Wie verhält sich der Kunde, wenn das Merkmal vorhanden ist?

dysfunktional: Wie reagiert der Kunde, wenn das Merkmal nicht vorhanden ist?[25]

- ☐ Das würde mich freuen.
- ☐ Das setze ich voraus.
- ☐ Das ist mir egal.
- ☐ Das könnte ich evtl. in Kauf nehmen.
- ☐ Das würde mich stören.

- ☐ Ich würde etwas bezahlen, um es zu erhalten.
- ☐ Ich würde etwas bezahlen, um es zu vermeiden.

Falls Sie bereits einen Prototyp zur Verfügung haben, wird diese Bewertung für den Kunden einfacher, da er sich die Dienstleistung oder das Produkt besser vorstellen kann.

c. Praxis

Nutzen Sie einfache und günstige Materialien wie Papier, Stifte, Kleber, Lego, Wollknäuel, Knet usw.[26] Es braucht etwas Kreativität und Fantasie, um daraus ein physisches Modell zu bauen. Manchmal helfen bereits Zeichnungen oder Fotomontagen. Die Prototypen müssen gewährleisten, dass Personen sich in das Produkt und dessen Anwendung oder in die Dienstleistung einfühlen können. Sie müssen also anschaulich oder sogar spürbar werden.

Für gewisse Produkte ist es sehr einfach Prototypen zu erstellen, zum Beispiel für dieses My Book. Es genügte, ein erstes Kapitel und ein provisorisches Inhaltsverzeichnis zu erstellen und ausgewählten Leuten zeigen.

Sie fragen sich nun vielleicht, welche Möglichkeiten es gibt für Prototypen von Dienstleistungen. Dafür eignen sich Storyboards (minimal visualisierte Geschichten), um die Dienstleistung aus Sicht des Kunden zu beschreiben. Sie brauchen dazu nur eine Wand, Post-its und Stifte. Machen Sie einfache Skizzen auf den Post-its, welche Sie auch mit Stichworten ergänzen können. Die Post-its müssen Sie nur noch in der richtigen Reihenfolge aufhängen. Erzählen Sie Probanden die Geschichte der Dienstleistung, während Sie die einzelnen Schritte aufzeigen.

Theoretische Zwischenbemerkung: Hilfe bei vielen tollen Prototypen

Vielleicht haben Sie das Luxusproblem von mehreren vielversprechenden und tollen Prototypen. Dann nutzen Sie folgenden Kurztest, um die Ideen miteinander zu vergleichen. Dazu bewerten Sie drei Kategorien anhand einer Skala mit zwei Polen[27]: Ziehen Sie Prototypen mit hohem Mehrwert vor, die übertragbar und leicht machbar sind.

Mehrwert für den Kunden

| Mückenstich ←——————————→ Haiattacke |
| löst nur ein kleines Problem · löst ein kritisches Problem |

Übertragbarkeit auf andere potenzielle Kunden oder Branchen

| Robinson ←——————————→ Klimawandel |
| nur für eine Person · für die ganze Welt |

Machbarkeit der Umsetzung der Idee

| Hammer und Nagel ←——————————→ Triebwerk |
| sehr einfach · hoch komplex |

Skizze meines Prototyps:

7. Lean Canvas

a. Weshalb?

Beni: Nun sind wir bereits ein gutes Stück weiter! Dank des Prototyps sind wir zu einigen nützlichen Einsichten gekommen. Ich bin froh, dass wir uns Zeit dafür genommen haben.

Nina: Was ich mit Freude gleich ausnütze! Ich würde gerne mit dir eine Zusammenfassung erstellen. Sozusagen den Prototyp der gesamten Geschäftsidee von Dingsbums und nicht nur Dingsbums allein.

Beni: Zusammenfassung tönt eindeutig nicht nach basteln.

Nina: Das stimmt, wir werden den Lean Canvas erstellen. Dieser dient uns als Grundlage für die zweite Phase. Wir müssen uns klar sein, wovon wir sprechen.

Beni: Ok, zeige mir mal, wie das aussieht.

Nina: Ein kleiner Trost ist, dass wir vieles eins zu eins übernehmen können. Und nicht zu verachten ist, dass wir diese erste Zusammenfassung nochmals nutzen werden nach der zweiten Phase, wenn wir den Business Canvas erstellen. Ich bin schon neugierig, wie stark sich unser Dingsbums und die Geschäftsidee in der zweiten Phase verändern werden.

Beni: Verändern? Ich bin schon ziemlich überzeugt und sicher, dass es so stimmt.

Nina: Lieber Beni, bist du vielleicht trotz aller Warnungen ein wenig in den Dingsbums-Prototyp verliebt?

b. Theorie

Der Lean Canvas[28] ist dem Business Canvas (S. 139) sehr ähnlich. Gewisse Punkte werden Sie eins zu eins übernehmen, andere können Sie vom Lean Canvas ableiten und im Business Canvas aufführen. Nehmen Sie sich noch einmal die Zeit, alles Bisherige zusammenzufassen und in der zweiten Phase zu überprüfen und anzupassen. Für den Lean Canvas können Sie die Angaben der Value Proposition nutzen. Diese werden einfach noch ergänzt.

Setzen Sie den Lean Canvas für eine schlanke Entwicklung einer Geschäftsidee früh ein. Er kann sich immer wieder verändern.

Lean Canvas	Kurzbeschreibung
Problemstellung	Problem, welches gelöst wird mit dem Angebot
Kundensegmente	wichtigste Kundensegmente
Early Adopters	allerwichtigste Kundensegmente, die das Eis brechen
Werteangebot	klare Botschaft über den Wert der Lösung und die Gründe, weshalb die Lösung beachtenswert ist
Lösung	Lösung für das oben beschriebene Problem
Bestehende Alternativen	heutige Lösungen für das Problem
Kanäle	Kanäle über die die Kundensegmente erreicht werden
Unfairer Vorteil	Einzigartigkeit, welche die Lösung von allen anderen abhebt
Kennzahlen	Messungen und Kennzahlen, welche den Erfolg des Angebotes nachvollziehen lassen
Einnahmequellen	verschiedene Ertragsmöglichkeiten
Kostenstruktur	Kostenstruktur
Kurzkonzept	Zusammenfassung und wenn möglich eine Metapher, Analogie oder ein Bild

c. Praxis

Problemstellung

- Welches sind die Hauptprobleme Ihrer Kundensegmente?
- Mit welchen Hindernissen haben Sie zu kämpfen?

Nutzen Sie die Pains von der Value Proposition.

Kundensegmente

- Wer sind die wichtigsten Kunden?
- Welche Segmente kaufen unser Angebot?
- Wer könnte auch noch davon profitieren?

Nutzen Sie die Personas und übernehmen Sie die Angaben später in den Business Canvas.

Early Adopters

- Wer ist der ideale Kunde, der früh Ihr Angebot nutzen wird?
- Wen könnten Sie als Eisbrecher für Ihr Angebot gewinnen?

Nutzen Sie die Personas und überlegen Sie sich, wen Sie sich als Partner für die Weiterentwicklung wünschen.

Werteangebot

- Welchen Wert schaffen Sie für Ihre Kunden?
- Wie erzeugt das Produkt oder die Dienstleistung Gewinne für den Kunden?
- Was macht das Angebot wertvoll für den Kunden?

Nutzen Sie Gewinnerzeuger und Problemlöser aus der Value Proposition und übertragen Sie alles in der Phase zwei in den Business Canvas.

Lösung

- Was ist die Lösung für das oder die Probleme?
- Wie löst das Produkt oder die Dienstleistung die Probleme des Kunden?
- Wie erleichtert das Angebot dem Kunden das Leben?

Nutzen Sie die Eigenschaften Ihres Angebotes aus der Value Proposition.

Bestehende Alternativen

- Wie werden die oben genannten Probleme heute gelöst?
- Wer bietet bereits etwas Ähnliches für dieselben Probleme an?

Diese Erkenntnisse fliessen später in die Branchen- und Konkurrenzanalyse ein.

Kanäle

- Über welche Kanäle erreichen Sie Ihre Kundensegmente?
- Werden Sie die Kunden direkt oder über indirekte Kanäle bedienen?
- Welche Rolle spielt die digitale Welt?

Diese Angaben übernehmen Sie ebenfalls in den Business Canvas.

Unfairer Vorteil

- Was zeichnet Sie aus?
- Was macht Sie einzigartig?

Erinnern Sie sich an Ihre Kernkompetenzen. Später ergeben sich evtl. aus den kritischen Erfolgsfaktoren noch Ergänzungen.

Kennzahlen

- Welche Zahlen zeigen, ob die Lösung funktioniert?
- Wie erkennen Sie, dass Sie auf dem richtigen Weg sind?

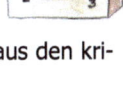

Nutzen Sie diese Indikatoren in den frühen Phasen Ihrer Umsetzung zur Überprüfung Ihrer Geschäftsidee.

Einnahmequellen

- Womit verdienen Sie Geld?
- Mit welchen Einnahmen rechnen Sie?

Diese Angaben nutzen Sie später ebenfalls im Business Canvas und als Grundlage für die Berechnung von Break Even und Pay Back.

Kostenstruktur

- Wofür werden Sie Geld ausgeben?
- Mit welchen Kosten rechnen Sie?
- Wie sieht Ihre Kostenstruktur aus?

Die Kosten nutzen Sie später im Business Canvas der Phase zwei und für die finanziellen Berechnungen in der Phase drei.

Kurzkonzept

Fassen Sie alles zusammen, denken Sie sich einen Slogan oder einen einprägsamen Spruch aus oder finden Sie eine passende Metapher.
Ergänzen Sie alles mit einem Bild.

d. Beispiel

Mein provisorischer Lean Canvas sieht so aus:

Problem	Lösung	Nutzenversprechen	Unfairer Vorteil	Kundensegmente
Ideen im Kopf, die nicht auf den Boden gebracht werden können	zusammenfassendes, einfach geschriebenes Buch Arbeitsblätter	Mit dem Durcharbeiten des Büchleins erstellen Sie selbstständig Ihr eigenes Geschäftsmodell.	angepasst an den Unterricht alles in einem Buch	Menschen, die ein Geschäftsmodell entwickeln wollen
Bestehende Alternativen	**Kennzahlen**	**Kurzkonzept**	**Kanal**	**Early Adopters**
Unterrichtsmaterial Youtube Fachbücher	Anzahl verkaufte Skripte, Büchlein Verhältnis von lobenden und kritischen Feedbacks	Das motivierende Arbeitsbuch für die eigene Geschäftsidee	Unterricht Webseite	Studenten des Moduls Geschäftspositionierung

Kostenstruktur	Ertragsstruktur
Produktion Buch Betreiben der Webseite	Einnahmen pro Buch oder eBook

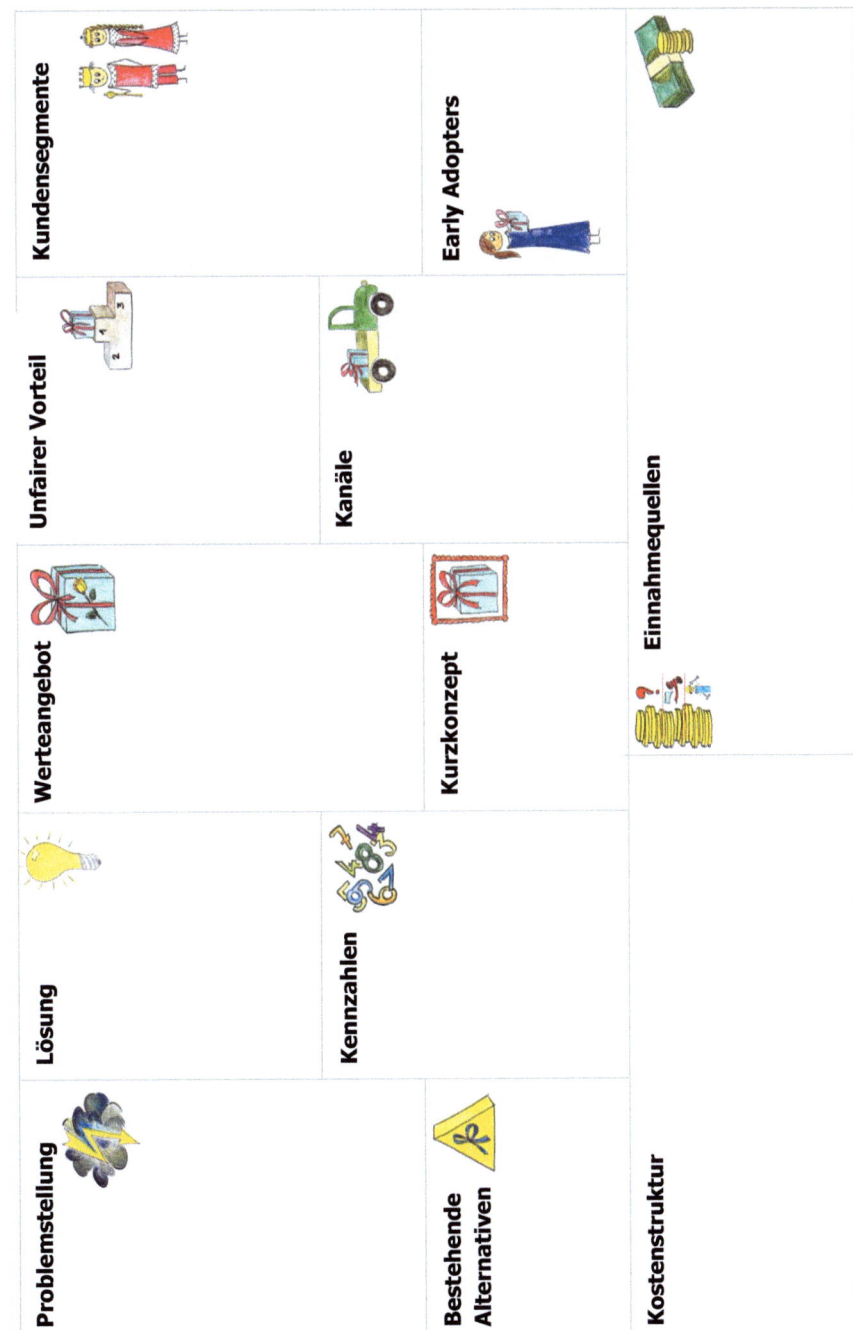

Theoretische Zwischenbemerkung: Vereinfachter Canvas

Sie sind noch nicht soweit, dass Sie einen Prototyp erstellen oder den Lean Canvas vollständig ausfüllen können? Dann nutzen Sie die folgende Darstellung, um Ihre Gedanken zusammenzufassen.

Die einfachste Darstellung Ihrer Idee ist die Beschreibung, evtl. ergänzt mit einigen Skizzen. Dies dient nicht nur der Kommunikation, sondern auch Ihnen, damit Ihnen klar wird, worum es eigentlich geht. Was ist Ihr Produkt? Wer sind Ihre Kunden?

Einiges können Sie aus dem Erarbeiteten von Value Proposition nehmen. Sie zeigen die wichtigsten Schwerpunkte auf. Die folgenden Fragen helfen Ihnen auf den Punkt zu kommen. Es ist wichtig, dass Sie die kritischen Eigenheiten erkennen und aufführen. Hier zählt Qualität statt Quantität! Diese Zusammenfassung dient später als Grundlage für den Elevator Speech und Businessplan (vgl. S. 163).

Name	– Arbeitstitel Ihrer Idee – Evtl. haben Sie bereits einen Slogan/Claim. – Oder Sie nehmen das Ziel oder Nutzen Ihres Angebotes als Name.

Nutzer	Anwendung
– Wer wird das Angebot anwenden? – Gibt es mögliche weitere Nutzer? – Wer sind die Early Adapters?	– Was wenden die Kunden an? – Wie wenden sie das Angebot an? – In welchen Situationen? – Wie häufig? – Weshalb?

Beschreibung der Idee:
– Was erreicht der Kunde durch das Werteangebot?

Gesamtbild	Wichtige Elemente
 – Zeichnen Sie eine Skizze. – Erstellen Sie einen Prototyp oder kleben Sie dessen Foto auf. – Kennen Sie Angebote mit viel Ähnlichkeit, deren Bild Sie nutzen könnten?	– Welche Elemente machen die Idee besonders? – Welche Elemente generieren Zusatznutzen? – Welche Elemente kann man nicht weglassen, ohne die Idee zu verlieren?

Name	Mein Buch – Von der Idee zum Geschäftsmodell

Nutzer	Anwendung
 – Studenten der ZHAW in der Weiterbildung – Menschen in meinem Umfeld, die eine Geschäftsidee entwickeln wollen	 – begleitend zum Unterricht – unterwegs im Zug – macht Selbstständigkeit möglich, im Erarbeiten wie auch nachher

Beschreibung der Idee:

Das Skript ermöglicht dem Leser, selbstständig, auf kreative Art und abgestützt auf gängige Literatur ein Geschäftsmodell zu entwickeln.

Gesamtbild	Wichtige Elemente
– Skript mit einzelnen Blättern, welche als Arbeitsblätter dienen	– auswechselbare Blätter – logischer Aufbau bis zur fixfertigen Geschäftsidee – Platz für Notizen – Kombination mehrerer Methoden (Management usw.)

Erkenntnisse:

- Ich muss mit potentiellen Studenten abklären, ob ein Zusatzskript gewünscht und genutzt wird.
- Wären Studenten bereit dafür zu bezahlen?

Werteangebot

Name	

Nutzer	Anwendung

Beschreibung der Idee:

Gesamtbild	Wichtige Elemente

Phase 2 Positionieren

Und schon sind Sie in der zweiten Phase angelangt!

Es gibt Haltungen, die sind stark produkte- oder dienstleistungsbezogen. Das bedeutet, dass man von den inneren Fähigkeiten her den Erfolg bestimmt. Man nennt das Inside-Out. Diese Haltung leitete uns in der Phase 1. Doch eine Organisation wird immer vom Umfeld beeinflusst. Deshalb schwenken wir nun ab zur Outside-In Vorgehensweise. Das heisst, die Strategie richtet sich auch nach den äusseren Umständen, Chancen sowie Risiken.

Sie sollen nun Ihr Werteangebot auf das Umfeld abstimmen und positionieren. Arbeiten Sie sich vom weiteren Umfeld zur Branche vor und dann zu den direkten Konkurrenten. Am Ende gleichen Sie Ihr Werteangebot ab, definieren Ihre Strategie und fassen alles in einem Business Canvas zusammen. Zum Abschluss überprüfen Sie Ihre Geschäftsidee in der Phase 3.

Folgende Methoden und Techniken werden dabei erklärt.

Inhalt Phase 2

Phasen	Werkzeuge	Wird genutzt ...
analize	PESTEL	..um im Umfeld Chancen und Risiken zu erkennen.
	Fünf Treiber von Porter	..um die Branche zu verstehen.
	Kritische Erfolgsfaktoren	..um die richtigen Prioritäten zu setzen.
	Konkurrenzanalyse	..um seinen Platz neben den Mitbewerbern zu finden.
	SWOT	..um die richtige Strategie zu definieren.
create	Blue Ocean Strategy	..um sich einzigartig zu machen.
	Ansoff Matrix	..um weitere Wachstumsmöglichkeiten zu finden.
	Stuck in the middle	..um sich nicht zu verzetteln.
deliver	Strategie	..um das grobe Vorgehen zu definieren und als Grundlage für den Business Canvas.
	Business Canvas	..um das Geschäftsmodell aufzuzeigen.

8. Umfeld-Analyse

a. Weshalb?

Beni: Mich beeindruckt, was wir bereits alles erarbeitet haben. Nun aber los mit dem Dingsbums!

Nina: Hast du dir schon überlegt, welche Mächte und Entwicklungen den Erfolg von Dingsbums beeinflussen könnten? Dingsbums entsteht nicht im luftleeren Raum, sondern in einem Dingsbums bestimmenden Umfeld. Dieses Umfeld kann und wird den Erfolg von Dingsbums beeinflussen.

Beni: Du hast Recht! Dieses Umfeld ändert sich ja auch ständig, weil sich sowieso alles immer verändert.

Nina: Genau deshalb muss man diese Analyse nicht nur zu Beginn durchführen. Idealerweise wird die Umfeldanalyse jährlich oder zumindest bei einer regelmässigen Strategieüberarbeitung wiederholt, also auch wenn Dingsbums schon sehr erfolgreich ist und wir möchten, dass es so bleibt.

Beni: Müssen wir auch beachten, ob wir unser Dingsbums weltweit verkaufen möchten oder nur im Zürcher Oberland? Ich könnte mir vorstellen, dass die Analyse aus verschiedenen Gesichtspunkten anders aussieht.

Nina: Völlig richtig, für Dingsbums müssen wir kaum die amerikanischen Gesetze beachten. Lass uns die Branche und die weitere Region nehmen.

Ich habe eine einfache Umfeldanalyse kennengelernt, welche uns hilft die wichtigsten Faktoren zu finden und nichts zu vergessen. Sie heisst PESTEL.

Beni: PESTEL tönt arg nach Pest! Füllen wir wieder ein Arbeitsblatt aus?

Nina: Ja sicher!

b. Theorie

Die folgende Analyse kann man in der Literatur unter dem Namen "Analyse des globalen Umfeldes"[29] oder "Umfeldanalyse"[30] finden. Manchmal wird sie auch PEST-Analyse[31] oder eben PESTEL Analyse genannt. Der Name ergibt sich aus den Anfangsbuchstaben der zu analysierenden Kategorien. Es handelt sich um eine Umfeldanalyse, welche nach bestimmten Kriterien das weitere Umfeld der Geschäftsidee beleuchtet.

	Kategorie	Stichworte
P	political	Welche politischen Veränderungen haben einen Einfluss auf meine Idee?
E	economical	Welche wirtschaftlichen, finanziellen Veränderungen haben einen Einfluss auf meine Idee?
S	social	Welche sozialen, demografischen Veränderungen haben einen Einfluss auf meine Idee?
T	tecnological	Welche technologischen, fachspezifischen Veränderungen haben einen Einfluss auf meine Idee?
E	ecological	Welche ökologischen Veränderungen haben einen Einfluss auf meine Idee?
L	legal	Welche gesetzlichen Auflagen oder normativen Vorgaben haben einen Einfluss auf meine Idee?

Nutzen Sie diese Kategorien als Anker für alles, was Sie beachten sollten und tasten Sie ab, welche Veränderung in welchen Kategorien wichtig sind. Teilweise sind die Zuteilungen nicht immer ganz klar. Sie entscheiden! Dass Einflüsse erkannt werden ist wichtiger, als in welcher Kategorie sie aufgeführt sind.

Es kann auch geschehen, dass eine Veränderung in der einen Kategorie eine weitere Veränderung in einer anderen Kategorie verursacht. Als Beispiel können politische Entscheide Einfluss auf die Wirtschaft haben. Um diese Ursachen-Wirkungskette besser zu verstehen, lohnt es sich, beides aufzuführen und die Zusammenhänge deutlich zu machen.

Theoretische Zwischenbemerkung: Digitale Transformation

Einer der grössten externen Einflüsse auf Geschäftsmodelle und Organisationen ist die digitale Transformation. Bereits jetzt wurde durch die neuen technologischen Möglichkeiten vieles verändert und dies wird sich noch verstärken. Drei wichtige Entwicklungen werden als Beispiel angeführt.

1. Automatisierung

Maschinen unterstützen Menschen oder übernehmen deren Arbeit. Dadurch werden Prozessoptimierungen und Kosteneinsparungen erreicht.

2. Digitale Kanäle

Die Vertriebs- und Informationskanäle wurden durch das Internet erweitert. Eingekauft wird nicht mehr vor Ort, sondern bequem von zu Hause aus. Durch die Globalisierung stehen nun auch Güter aus der ganzen Welt zur Verfügung. Ein neues Verkaufs-Geschäftsmodell im eBusiness wird Long Tail[32] genannt. Chris Anderson hat erkannt, dass die Erreichbarkeit der Kunden durch elektronische Kanäle so gross wird, dass es sich auch lohnt selten gewünschte Produkte anzubieten. Die Menge wird durch die globale Erreichbarkeit sichergestellt.

3. Big Data

Durch die elektronischen Medien werden mehr Daten erhoben als je zuvor. Diese Daten gewinnen immer mehr an Wert, weil damit Auswertungen gemacht und Erkenntnisse gewonnen werden können. Organisationen sind in der Zwischenzeit bereit, für persönliche Daten von Menschen zu bezahlen, damit sie diese noch besser kennen lernen und gezielt beeinflussen können. Ein typisches Beispiel sind die vielfältigen Kundenkarten, welche als Gegenwert für persönliche Einkaufsdaten Rabatte und Punkte anbieten.

c. Praxis

Political (politisch)

Welche politischen Veränderungen haben Einfluss auf meine Idee?

z. B. Politik, Gewerkschaften, Regierungsformen, Lobbying, Intervention in der Marktwirtschaft, globalpolitische Entwicklungen

Economical (wirtschaftlich, Finanzen)

Welche wirtschaftlichen Veränderungen haben Einfluss auf meine Idee?

z. B. Ökologie, Wirtschaft, Finanzen mit Wechselkursen oder Inflation, Volkseinkommen, Handel, Beschäftigungsgrad, Konjunkturschwankungen, Wirtschaftssektoren

Social (sozial, demografisch)

Welche sozialen, demografischen Veränderungen haben Einfluss auf meine Idee?

z. B. sozialpsychologische Strömungen und Werte, Gesellschaft, Religion, Demografie, Gesundheit, Bevölkerungsentwicklungen

Tecnological (technologisch)

Welche technologischen, fachspezifischen Veränderungen haben Einfluss auf meine Idee?

z. B. Technologie, fachliche Entwicklungen, ITC, Digitalisierung, Substitutionstechnologien, Produktinnovationen

Ecological (ökologisch)

Welche ökologischen Veränderungen haben Einfluss auf meine Idee?

z. B. Ökologie, Verfügbarkeit von Energie und Rohstoffen (Boden, Holz, Wasser usw.), Umweltschutz, Verkehr

Legal (gesetzlich)

Welche gesetzlichen Auflagen oder normativen Vorgaben haben Einfluss auf meine Idee?

z. B. Gesetzgebung, Rechtssystem, Rechtssicherheit, Vorgaben

Welche Punkte beeinflussen sich? ⇨ Zusammenhänge deutlich machen!

Die Erkenntnisse fliessen später in die SWOT (S. 97) ein, wenn sich durch die externen Veränderungen Chancen oder Risiken für die Geschäftsidee ergeben könnten.

d. Beispiel

Kategorie Veränderungen

political
- ??

economical
- Die Schweiz ist ein Land der KMUs.
- Die Schweiz gilt als innovativstes Land der Welt (Anzahl Patente/Einwohner)

social
- Menschen der Y und Z Generation/Digital Natives
- Selbstständigkeit und Unabhängigkeit wird gesucht
- Weiterbildungen boomen (MAS, MSc usw.)

tecnological
- elektronische Bücher
- Apps
- Menschen lernen über YouTube.

ecological
- ??

legal
- Urheberrechte und Autorenrechte: Plagiatsklagen bei Master- und Doktorarbeiten

Erkenntnisse:
- Ein Skript und die Ausbildung, eine Geschäftsidee zu entwickeln, hat in der Schweiz eine Chance – nicht nur für Studenten.
- Werden Skripts noch gelesen oder ist die digitale Welt mächtiger in 5 Jahren? (digitale Natives, elektronische Medien)
- Ich muss vorsichtig sein mit dem Zitieren, weil ich mich hauptsächlich auf Literatur stütze.

PESTEL

political

economical

social

tecnological

ecological

legal

9. Fünf Treiber von Porter

a. Weshalb?

Beni: Sehr gut, Dingsbums wandelt sich bereits ein wenig, indem es sich den Veränderungen aus dem Umfeld anpasst. Dann legen wir nun los.

Nina: Ja, du darfst gerne einmal beschreiben wie Dingsbums zurzeit aussieht und funktioniert. Am besten erweiterst du das MindMap. Die Umfeldanalyse hat ja bereits gewirkt und neue Ideen sind aufgetaucht. Nun würde ich aber die Analyse noch etwas erweitern, indem wir das nähere Umfeld von Dingsbums beleuchten. Willst du mir nicht helfen? Dank deiner Kreativität entdecken wir sicher Dinge, die ich übersehen würde.

Beni: Okay, gut!

Nina: Wir werden die Branche, in der Dingsbums zu Hause ist, genauer anschauen. Wir werden wahrscheinlich nicht allein sein auf dem Markt, sondern sind gewissen Mächten ausgesetzt. Porter hat dies die fünf Treiber genannt.

Beni: Ich verstehe. Wenn wir die Branche studieren, können wir auch ihre Selbstverständlichkeiten in Frage stellen und vielleicht eine einzigartige Positionierung finden.

Nina: Genial! Daran habe ich gar nicht gedacht. Ich habe alles immer nur aus der Sicht der Risiken und Gefahren betrachtet. Aber vielleicht ergibt sich daraus auch eine Chance. Deine unkonventionelle Denkweise hilft schon!

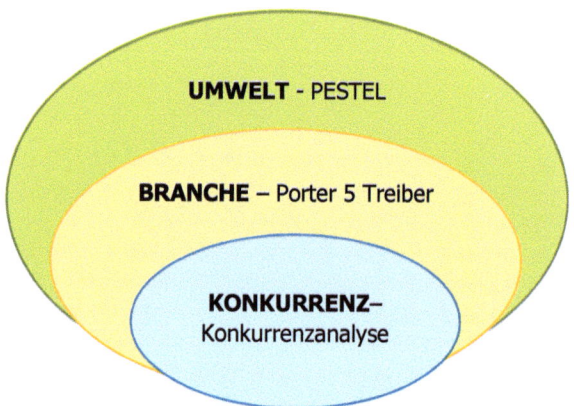

Abb: Zusammenhang der drei Analysen

b. Theorie

Das Modell der fünf Wettbewerbskräfte wurde bereits 1983 von M. Porter beschrieben. Es beschäftigt sich mit den Gegebenheiten der jeweiligen Branche. Durch die Analyse können zukünftige Risiken und Chancen erkannt werden, welche eine ideale Positionierung wahrscheinlicher macht[33].

Durch die Untersuchung der fünf Treiber werden die Branchenstruktur und deren Spielregeln analysiert.

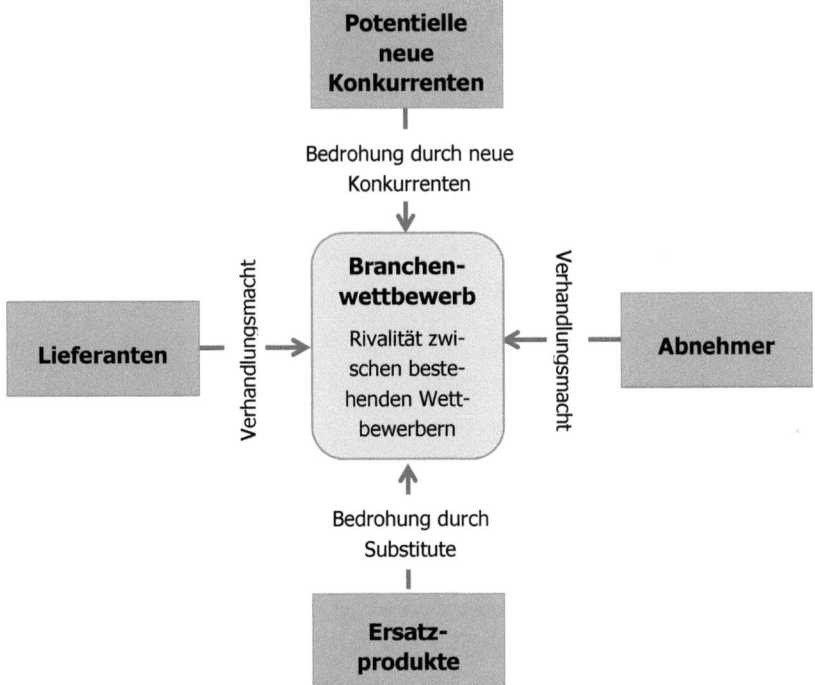

Abb.: Die fünf Treiber nach Porter

Es lohnt sich, bei den Lieferanten auch an wichtige weitere Partner zu denken.

Diese Erkenntnisse fliessen in die Konkurrenzanalyse (S. 89) und in die SWOT (S. 97) als Chancen und Risiken ein.

Theoretische Zwischenbemerkung: Märkte

Es gibt verschiedene Arten von Märkten. Je nach Produkt oder Dienstleistung ist das Verhältnis zwischen Käufern und Verkäufern unterschiedlich. Es werden drei Arten unterschieden.

Verkäufermarkt

Es gibt viel mehr Abnehmer als Produkte oder Dienstleistungen oder die Angebote sind sehr dringlich für die Käufer. Dadurch haben die Verkäufer, also die Produzierenden, mehr Macht und Spielraum. Sie bestimmen bis zu einem gewissen Grad die Regeln. Die Kunden nehmen alles ab und haben kaum Wahlmöglichkeiten.

Käufermarkt

Auf dem Markt sind etwas mehr Anbietende als Abnehmende oder die Käufer sind nicht unbedingt auf das Angebot angewiesen. Die Käufer haben eine stärkere Verhandlungsposition.

Es herrscht ein leichter Konkurrenzkampf. Alle Anbieter hätten gern etwas mehr Käufer. Die Kunden können gewisse Bedingungen stellen.

Verdrängungsmarkt

Es wird eng auf dem Markt, denn es gibt deutlich mehr Anbieter als Abnehmer. Ein erbitterter Konkurrenzkampf herrscht und man versucht, sich gegenseitig Kunden zu stehlen. Die Anbieter möchten ihre Konkurrenten vom Markt drängen, zum Beispiel mit Preisdumping. Es wird um Käufer geworben. Je nach Übersicht bedeutet das für die Käufer eine starke Verhandlungsposition. Um die Kunden nicht zu verlieren, gehen die Anbieter auch auf kaum erfüllbare Wünsche ein.

Vgl. auch roter Ozean (S. 106)

In welchem Markt bin ich tätig?
- ☐ Käufermarkt?
- ☐ Verkäufermarkt?
- ☐ Verdrängungsmarkt?

c. Praxis

Bevor die Treiber analysiert werden, muss überlegt werden, welche Teile oder Aktivitäten des Angebotes selbst erstellt werden und welche durch externe Anbieter (bei Porter Lieferanten, später Partner genannt) erbracht werden. Was lohnt sich selbst zu erbringen und was kann oder muss nach extern vergeben werden (Out-Sourcing)?

Wettbewerber der Branche: Rivalität unter den bestehenden Unternehmen, Art des Marktes

- Gibt es bereits viele ähnliche oder unterschiedliche Anbieter?
- Wie gewinnen sie zusätzliche Marktanteile? (Preis?)
- Wie wächst die Branche?
- Wie einfach ist es, wieder aus der Branche auszusteigen?
- Wie gross sind die Skaleneffekte? (Je mehr ich produziere, desto günstiger wird es.)

Potentielle neue Konkurrenten: Bedrohung durch neue Konkurrenten

- Wie gross ist die Gefahr, dass neue Anbieter auftreten?
- Welche Eintrittsbarrieren bestehen? (Umgewöhnung der Kunden, politische oder rechtliche Vorgaben, Investitionsaufwand)
- Wie gross sind die Möglichkeiten der Produktedifferenzierung?

Ersatzprodukte: Bedrohung durch Ersatzprodukte oder Substitute

- Kann das Produkt oder die Dienstleistung durch andere Produkte oder Dienstleistungen ersetzt werden?
- Gibt es Angebote mit ähnlichem Nutzen?
- Mit welchen Angeboten wird dasselbe Originärbedürfnis gestillt?
- Gibt es neue Technologien?

Lieferanten: Verhandlungsstärke der Lieferanten

- Wie gross ist die Verhandlungsstärke von Lieferanten? Haben die Lieferanten eine Monopolstellung oder gibt es mehrere Lieferanten?
- Wer bestimmt den Preis der benötigten Ware oder Dienstleistung?
- Wie zuverlässig ist die Verfügbarkeit?
- Wie gross ist die Standardisierung oder der Service?
- Ist für den Lieferanten die Branche wichtig?
- Könnten die Lieferanten mein Produkt oder meine Dienstleistung auch anbieten (Vorwärtsintegration)?

Abnehmer: Verhandlungsstärke der Abnehmer, Kunden, Vertriebskanäle

- Wie wichtig ist das Produkt/die Dienstleistung für den Kunden?
- Kennen die Abnehmer die Branche gut?
- Welche Marge haben die Abnehmer? Welchen Preis sind sie bereit zu zahlen?
- Welche anderen Möglichkeiten haben die Abnehmer?
- Wie einfach wäre der Wechsel zu einem anderen Produkt?
- Kann der Abnehmer das Produkt oder die Dienstleistung selbst herstellen (Rückwärtsintegration)?
- Gibt es evtl. auch neue Abnehmer, an die wir noch nicht gedacht haben?

Bewertung der Branchenrentabilität:

Treiber	Bewertung					
	1	2	3	4	5	6
Bestehende Wettbewerber (Rivalität in der Branche)						
Potentielle neue Wettbewerber						
Ersatzprodukte / Substitute						
Lieferanten						
Abnehmer						

1 = krisenhaft
2 = kritisch
3 = problematisch

4 = mittelmässig
5 = gut
6 = hervorragend

d. Beispiel

	Wettbewerber – *Viele Fachbücher zu diesem Thema auf dem Markt*
	Pot. neue Konkurrenten – *Themen wie Start-up sind trendig und es gibt viele Neuautoren*
	Ersatzprodukte – *Internet und YouTube, Fachbücher* – *PowerPointfolien im Unterricht* – *Berater*
	Lieferanten – *Skript selbst ausdrucken oder elektronisch zur Verfügung stellen? - kein Lieferant* – *Terminkalender Mutter (Redigieren) - Lieferfrist!*
	Abnehmer – *Fachhochschule wenig Interesse an Zusatzkosten (gehört zur Dozentenvergütung)* – *Studenten bezahlen ungern Zusatzkosten nebst Modulkosten* – *Andere Abnehmer?*

Treiber	Bewertung					
	1	2	3	4	5	6
Bestehende Wettbewerber (Rivalität in der Branche)		X				
Potentielle neue Wettbewerber			X			
Ersatzprodukte / Substitute				X		
Lieferanten						X
Abnehmer				X		

Erkenntnisse:

- Hoppla! Sieht eigentlich nicht so gut aus!
- Das Skript - PowerPoint Folien! ⇨ Zusatznutzen hervorheben!
- Es lohnt sich nicht – der Zeitaufwand ist zu gross, um es gratis abzugeben ... auch wenn es Spass macht, das Skript zu erstellen ⇨ Ich brauche mehr Kenntnisse über die Abnehmer. Für was wären sie bereit etwas zu bezahlen.
- Die digitale Welt ist und bleibt ein Thema.

Branchenanalyse

Wettbewerber

Pot. neue Konkurrenz

Ersatzprodukte

Lieferanten

Abnehmer

Treiber	Bewertung					
	1	2	3	4	5	6
Bestehende Wettbewerber						
Potentielle neue Wettbewerber						
Ersatzprodukte/Substitute						
Lieferanten						
Abnehmer						

10. Kritische Erfolgsfaktoren

a. Weshalb?

Beni: Nun haben wir aber viel analysiert. Wie geht es jetzt weiter?

Nina: Anhand der gewonnenen Kenntnisse sollten wir ermitteln, welches die kritischen Faktoren sind, die über unseren Erfolg oder Misserfolg entscheiden.

Beni: Wie meinst du das?

Nina: Welche Faktoren sind so wichtig, dass deren Nicht-Erfüllung unser Geschäftsmodell verunmöglicht und Dingsbums nie erfolgreich wird? Dies können Kriterien aus Sicht des Kunden sein, wie auch aus der Umfeld- oder Branchenanalyse.

Beni: Wir müssen also unsere Erkenntnisse nochmals verdichten?

Nina: Genau! Wir nehmen alle bereits gewonnenen Einsichten und überprüfen sie auf ihre Hebelwirkung. Ist diese gross, bedeutet das einen kritischen Erfolgsfaktor für uns. Wir können keine Strategie beschreiben, wenn uns nicht bewusst ist, was uns erfolgreich machen kann. Deshalb richtet sich die zukünftige Strategie und die Positionierung nach diesen kritischen Erfolgsfaktoren.

b. Theorie

Die kritischen Erfolgsfaktoren werden abgekürzt auch KEF genannt. Diese Faktoren werden als Grundlage genutzt, um die zukünftige Strategie zu bestimmen. Die KEFs sind innerhalb der Branche erfolgsbestimmend. Das heisst, diese Faktoren sind wichtig zum Überleben. KEFs setzen eindeutige Prioritäten und Schwerpunkte. KEFs müssen abgestimmt sein auf die Bedürfnisse der Kunden, die Zusammenarbeit mit den Lieferanten, die bestehenden und zukünftigen Konkurrenten und die kommenden Veränderungen im Umfeld. Als Erstes überprüft man das Produkt oder die Dienstleistung selbst, dann den Service und schliesslich darf nicht vergessen werden, dass auch bei den Grundbedürfnissen und Emotionen ein kritischer Erfolgsfaktor gefunden werden kann. Nachfolgend werden noch mehr Punkte aufgezeigt, von denen kritische Erfolgsfaktoren abgeleitet werden können.

Produkt/Dienstleistung	– Herstellung – Logistik – Technologie
Service	– Vertrieb – Verkaufskanäle und Verkauf
Grundbedürfnisse/Emotionen	– Unlust vermeiden – Lust steigern
Anderes	– Organisation, Management, Führungskräfte – Kultur – Finanzen – Mitarbeitende – Marketing – Absatz

Theoretische Zwischenbemerkung: USP

Unique Selling Proposition wird mit USP abgekürzt und kann durch Alleinstellungsmerkmal übersetzt werden. Manchmal findet man in der Literatur dafür auch den Begriff "unfairer Vorteil"[34]. Sie haben im Kapitel der Kernkompetenzen bereits davon gehört (S. 30). USP stellt ein herausragendes Leistungsmerkmal dar, welches sich deutlich von den Konkurrenten abhebt. Weiter sollte es einen veritablen Nutzen für die Kunden darstellen. Um auf einem Käufer- oder Verdrängungsmarkt bestehen zu können, ist man auf ein USP angewiesen. Versuchen Sie sich durch eine Eigenschaft, eine Vorgehensweise oder ein Kriterium mit hohem Kundennutzen auszuzeichnen und von den anderen abzuheben! Wenn möglich, sollte dies auch schwer zu kopieren sein. Das ist Ihr wichtigster kritischer Erfolgsfaktor!

c. Praxis

Gehen Sie die Stichworte durch und achten Sie darauf, ob Sie bei einem Punkt einen kritischen Hebel vermuten oder wahrnehmen. Nehmen Sie zur Ergänzung auch Ihre Gedanken aus der Analyse des Kundennutzens und der Definition des Werteangebotes (S. 45). Die folgenden Begriffe dienen nur der Ergänzung.

	Schwerunkte	Mögliche Ausprägungen
Produkt / Dienstleistung	Produkt Dienstleistung	– Qualität, Ruf und Image der Produkte – Sortiment – Design – Preisgestaltung – Entwicklung neuer Produkte
	Service	– Unterstützung – Wartung – Öffnungszeiten – Beratung – Bezahlungsarten – Proben – Individualiesierungen
	Technologie	– Vorhandenes KnowHow oder externe Quellen – Patente – Kooperationen – Innovationen
	Herstellung	– technologischer Leistungsstand – Kostenstruktur – Kapazitäten und Flexibilität – Standort – make or buy – Rohstoffe und Vorprodukte – Produktivität
	Logistik	– Einkauf – Lieferanten – Lagerart und Lagergrösse – Materialfluss

Absatz	Vertrieb Verkaufskanäle	– Vertriebskanäle – Marktregion – Werbung und Verkaufsförderung – Marktforschung – Lieferzeit
	Verkauf Absatz Marketing	– Marktauftritt und Öffentlichkeitsarbeit – Absatzmenge – Regionen – Early Adapters – Multiplikatoren
Grundbedürfnisse Emotionen	Care Bedürfnisse	– Sicherheit – Zugehörigkeit – Orientierung – Ruhe und Entspannung – Bequemlichkeit
	Drive Bedürfnisse	– Spass und Erlebnis – Freiheit, Unabhängigkeit – Individualität – Neugierde und Aktivierung
Organisation	Management Führungskräfte	– Reaktionsfähigkeit – Qualität der Entscheidungen – Handlungswille und Umsetzungsstärke – Nachwuchsförderung – Partnerschaften
	Organisation Kultur	– Aufbauorganisation, Hierarchien – Grösse der Organisation – Zentralisierung – Dezentralisierung – Prozesse – Werte und Haltungen
	Mitarbeitende	– Kompetenzen – Altersstruktur – Loyalität – Veränderungsbereitschaft
Finanzen	Finanzen	– Eigenkapital – Verschuldung – Gewinnverwendung – Investitionskraft – Kostenaufteilung (Fixkosten, variable Kosten)

Welches sind meine kritischen Erfolgsfaktoren?
Welche Punkte sind meinen Kunden besonders wichtig?
Wie könnte ich mich von anderen durch einen Zusatznutzen ab-
heben?

d. Beispiel

- Günstige Herstellungskosten, tiefe Fixkosten
- Hoher Absatz, damit kleine Margen akzeptabel sind - sichere Vertriebskanäle auch ausserhalb des Unterrichts- mehr Kunden - Partner suchen?
- Zusammenfassende Struktur aus mehreren anderen Büchern (Reduce to the Max)
- Anwendungsmöglichkeit (Arbeitsbuch, auch für kleine Geschäftsideen, Arbeitsblätter integriert)

KEFs
- Design
- Verständlichkeit und Unterstützung
- elektronische Verfügbarkeit
- Bekanntheit
- Vertriebskanal
- Verfügbarkeit

Erkenntnisse:
- Die Eigenproduktion lohnt sich kaum! Partner suchen? Nur elektronisch anbieten? Selbst drucken und binden im Geschäft? – sofort anfragen!
- Brauche zusätzliche Abnehmer ausserhalb der Fachhochschule – Skript anderen zum Lesen und zum Beurteilen geben, dann abschätzen welche Chancen bestehen.
- Zusatznutzen:
Unabhängiges, lustvolles Entwickeln! (Drive Bedürfnis: Unabhängigkeit und Spass)
Zusammenfassende Literatur: Für Sie gelesen und zusammengefasst! (Care Bedürfnis: Bequemlichkeit)

11. Konkurrenzanalyse

a. Weshalb?

Nina: So weit so gut! Wir kennen die Branche, unsere potentiellen Kunden und das Umfeld. Nun analysieren wir noch die Konkurrenten.

Beni: Du meinst diejenigen, welche etwas Ähnliches anbieten?

Nina: Ja genau. Das sind die Konkurrenten aus der Mitte bei den fünf Treibern von Porter. Aber wir werden ausserdem abchecken, ob wir nicht auch zukünftige Konkurrenten aufnehmen sollen. Es lohnt sich zudem, sich hin und wieder Gedanken zu Substituten zu machen.

Beni: Weshalb müssen wir das auch noch tun?

Nina: Wir müssen wissen, wie die Konkurrenten positioniert sind und wo es noch Möglichkeiten hat für uns. Wir überprüfen also, ob wir in einen stark umkämpften Markt eindringen und wodurch wir uns von den Konkurrenten unterscheiden. Vielleicht müssen wir noch ein paar Änderungen vornehmen. Die Kunden müssen uns als einzigartig erkennen. Diese Einzigartigkeit müssen wir entdecken.

Beni: Und wie funktioniert das?

Nina: Als erstes führen wir die Konkurrenten auf, dann beschreiben wir deren Stärken und Schwächen. Als nächstes vergleichen wir uns mit ihnen anhand der kritischen Erfolgsfaktoren. Als letztes leiten wir aus unseren Erkenntnissen Positionierung und Strategie ab.

Beni: Das tönt logisch!

Competitive strategy is about being different. It means deliberately choosing a different set of activities to deliver an unique mix of value"

Michael Porter

b. Theorie

Laut Definition sind Konkurrenten oder Mitbewerber Unternehmen, die Leistungen anbieten, die zur Befriedigung der gleichen Kundenbedürfnisse dienen wie die Produkte oder Dienstleistungen des eigenen Unternehmens[35]. Somit gelten nicht nur Unternehmen als Konkurrenten, welche dieselben Leistungen anbieten, sondern auch jene, die Substitute erstellen oder Substitut-Leistungen erbringen. Beziehen Sie auch solche Wettbewerber in die Analyse mit ein, die zur Bedürfnisbefriedigung geeignet wären, auch wenn sie zum aktuellen Zeitpunkt noch nicht aktiv sind[36] (vgl. Branchenanalyse nach Porter, S. 74).

Die Konkurrenzanalyse wird durchgeführt, um die ideale Position innerhalb der Branche zu finden. Kenntnisse über die Eigenschaften der Konkurrenten geben einen Überblick über deren Dynamik. Dies hilft, im Markt zu bestehen.

Folgende Ziele sind anzustreben[37]:
- Aufschluss erhalten über die Konkurrenten, deren Stärken und Schwächen
- Abschätzen der zukünftigen Strategien der Konkurrenten oder deren Reaktion auf die eigenen Aktionen
- Anhaltspunkte liefern über die eigenen Möglichkeiten, z. B. zur Erkennung der eigenen USP (Unique Selling Proposition) und zukünftigen Chancen

Nach der Analyse der Konkurrenten kann abgeschätzt werden, ob es sich lohnt, in diese Branche (vgl. auch fünf Treiber von Porter, S. 74) einzudringen und wie gross die Macht der Konkurrenten ist (vgl. theoretische Zwischenbemerkung, S. 76).

Theoretische Zwischenbemerkung: Analyse Mittbewerber nach Porter

Porter unterscheidet bei den Konkurrenten folgende Faktoren, welche den Erfolg in der Branche sichern[38]:

- Kernfähigkeiten
  Hat der Konkurrent Fähigkeiten, welche ihm einen Vorteil verschaffen?
- Wachstumsfähigkeit
  Hat er Möglichkeiten zu wachsen und zu verdrängen?
- Fähigkeit zur schnellen Reaktion und Anpassungsfähigkeit
  Kann der Konkurrent bei kommenden Veränderungen schnell reagieren und sich wieder den Gegebenheiten anpassen? (Technologien, Substitute, neue Konkurrenten)
- Durchhaltevermögen
  Hat der Konkurrent Möglichkeiten, mit vorhandenen Ressourcen Durststrecken zu überstehen? (z. B. Preiskampf, Umsatzrückgang usw.)

Durch diese Faktoren kann abgeschätzt werden, wie sicher und stark der Konkurrent auf dem Markt ist.

Die Kernfähigkeiten sind ähnlich wie bei Hamal und Prahalad die Kernkompetenzen (vgl. S. 30). Somit wird analysiert, ob der Konkurrent Kompetenzen hat, welche einen langfristigen Erfolg sichern, indem sie wertvoll für den Kunden, einzigartig und schwer kopierbar sind.

c. Praxis

Als erstes müssen Sie die verschiedenen Konkurrenten oder Konkurrentengruppen definieren. Beachten Sie auch potentielle Konkurrenten oder Substitute. Danach müssen Sie recherchieren. Das Internet bietet viele Möglichkeiten. Falls Sie Kennzahlen finden, ergänzen Sie diese. Kennzahlen sind häufig auch in den Jahresberichten der grösseren Unternehmen zu finden. Beachten Sie zudem Informationen, die zukünftige Ziele oder Strategien des Konkurrenten verraten. Später werden Sie anhand dieser Kenntnisse eine kleine Zusammenfassung erstellen.

Konkurrent	Kurzbeschreibung
Name des Konkurrenten oder der Konkurrentengruppe	Kurze Beschreibung der Konkurrenten: − Was bieten sie an? − Welche Preise?
Kennzahlen	− In welchen Regionen?
− Marktanteil, Wachstum − Umsatz, Gewinn − Kennzahlen, welche für Sie selbst wichtig sind und Ihr Angebot ausmachen	− Welche Partner haben sie? − Welche Vertriebskanäle? Es können verschiedene Punkte aus der Erarbeitung der kritischen Erfolgsfaktoren (S. 82) übernommen werden, um die Konkurrenten zu beschreiben.
Stärken	**Schwächen**
− Was macht der Konkurrent besser als die anderen? − Für was lieben ihn die Kunden? − Durch was fällt der Konkurrent positiv auf? − In welchen Gebieten (Regionen, Marktstärke usw.) hat der Konkurrent einen Vorteil?	− Welche Punkte fallen negativ auf? − Wo ist der Konkurrent unter dem Branchendurchschnitt? − Weshalb könnten die Kunden beim Konkurrenten abspringen? − Mit was kämpft der Konkurrent? − Wo hat der Konkurrent Nachteile?
Bemerkungen	
− Zukünftige Entwicklungen − Partnerschaften − Patente und Ablaufdatum	

Bewerten Sie die verschiedenen Konkurrenten und ihr Angebot oder Geschäftsmodell: 1 = sehr schlecht, 6 = hervorragend

Kritische Erfolgsfaktoren	Bewertung					
	1	2	3	4	5	6

d. **Beispiel**

Konkurrent 1	Kurzbeschreibung
Bücher wie – Business Model Generation – Das Design Thinking Play Book	– Leicht verständliche Sachbücher zu den jeweiligen Themen – Motivierendes Design – Aufmachung in A5 quer (etwas grösser) – Viele Ideen und Hinweise sind integriert
Kennzahlen	
2015 Business Canvas: – Bereits 1'00'000 Bücher verkauft (2019 bereits 1.5Mio) – 2000 online Kurse – Kosten ca. 47.- pro Buch	
Stärken	**Schwächen**
– starkes Design – elektronische Ergänzungen – Bekanntheit (va. Osterwalder) – neue Buchform, die sich durchgesetzt hat (Format, Erklärungen, Skizzen) – Online und in Buchhandlungen verfügbar	– nicht immer als eBook erhältlich – Beschreibt immer einen Teil (z. B. Businessmodell oder Value Map), dann müssen weitere Bücher gekauft werden
Bemerkungen	
Es werden weitere Bücher dieser Art entstehen, ist ein aktueller Trend!	

Kritische Erfolgsfaktoren	Bewertung					
	1	2	3	4	5	6
Design			2		3	1
Verständlichkeit und Unterstützung				2	13	
Elektronische Verfügbarkeit	3		1		2	
Preis				2	13	
Vertriebskanal			3			12
Verfügbarkeit						123

1 Konkurrent A   2 Konkurrent B   3 My Book

Erkenntnisse:
- Es macht keinen Sinn, gegen die bereits etablierten Bücher im neuen Design zu konkurrieren ⇨ Zusatznutzen durch strikte Zusammenfassung und Ausstattung als Arbeitsbuch
- Soll ich mich wirklich auf einen Preiskampf einlassen? Nein!
- Diese Literatur ist trendig, kann man auf der Welle mitreiten?
- Elektronische Verfügbarkeit ermöglichen

- Irgendwie fehlt mir noch etwas!

Konkurrenzanalyse

Konkurrent 1	Kurzbeschreibung
Kennzahlen	
Stärken	**Schwächen**
Bemerkungen	

Kritische Erfolgsfaktoren	Bewertung					
	1	2	3	4	5	6

Ergänzung der Konkurrenzanalyse: Vorteil-Nachteil Matrix

Während der Konkurrenzanalyse vergleicht man sich immer mit den Konkurrenten und erstellt die oben beschriebene vergleichende Stärken-Schwächen-Analyse. Unterschiede werden sichtbar gemacht. Doch was geschieht nun weiter? Weil ich mich in diesem Stadium immer etwas hilflos fühlte, habe ich analog der Neun-Felder-Matrix von Mc Kinsey[39] die Vorteil-Nachteil-Matrix entwickelt. Die Neun-Felder-Matrix teilt Geschäftsfelder anhand einer Matrix mit den Achsen Marktattraktivität und Geschäftsfeldstärke ein und gibt gleichzeitig Hinweise auf eine geeignete Strategie. Die Vorteil-Nachteil Matrix übernimmt diese Vorgehensweise. Sie zeigt nicht nur – wie die Stärken-Schwächen-Analyse – die Unterschiede der eigenen Stärken und Schwächen gegenüber der Konkurrenz, sondern gibt erste Hinweise auf eine geeignete Strategie.

Übertragen Sie die Stärken-Schwächen Analyse einfach in die Matrix. Grosse Nachteile sind Faktoren, welche die Konkurrenz sehr gut macht, Ihre Organisation jedoch nicht. USP (Unique Selling Proposition) sind Punkte, in denen Sie besonders stark sind und die Konkurrenz nicht. Punkte, welche von allen entweder gut oder schlecht umgesetzt werden, entsprechen der Norm. Auch bei der Norm können Sie sich hervorheben, indem Sie besser werden. Legen Sie den Schwerpunk immer eher auf das Ausbauen von Stärken als das Aufarbeiten von Schwächen. Versuchen Sie Schwächen eher durch etwas anderes zu kompensieren. Sie haben dadurch mehr Nutzen.

eigene Organisation		Konkurrenz		
		schlecht	neutral	sehr gut
sehr gut		**USP** halten	**Vorteil** halten	**Norm** halten
neutral		**Chance** ausbauen	**Norm** Chance sich abzuheben? ⇨ Marktpotenzial einschätzen	**Nachteil** akzeptieren oder kompensieren
schlecht		**Norm** Chance sich abzuheben? ⇨ Marktpotenzial einschätzen	**Nachteil** akzeptieren oder kompensieren	**grosser Nachteil** akzeptieren oder kompensieren

Abb.: Vorteil-Nachteil-Matrix nach S. Wyss

12. SWOT

a. Weshalb?

Nina: So nun wird es ernst. Wir haben so ziemlich alles analysiert, was es zu analysieren gibt.

Beni: Da kann ich dir nur zustimmen!

Nina: Ja ich weiss. Nun kommen wir auch bald zu unserer Strategie. Aber damit wir diese gut ausarbeiten und definieren können, werden wir eine letzte Analyse vornehmen. Keine Angst, wir können vieles nutzen, was wir bereits erarbeitet haben.

Beni: Also Kopf runter und durch!

Nina: Wir werden eine SWOT-Analyse durchführen. Dabei bringen wir die bereits erarbeiteten Kenntnisse über unser Umfeld und unsere Branche ein und schliesslich werden wir unsere Stärken und Schwächen definieren.

Beni: OK das tönt machbar. Aber was haben wir davon?

Nina: Wir werden anhand dieser kombinierten Kenntnisse strategische Massnahmen ableiten, also unsere Strategie festlegen.

b. Theorie

Der Name SWOT wird abgeleitet von den Anfangsbuchstaben Strenghts (Stärken), Weaknesses (Schwächen), Opportunities (Chancen) und Threats (Risiken). In der neueren Literatur findet man auch die Abkürzung TOWS, um zu betonen, dass als erstes die Chancen und Risiken aufgezeigt werden sollten, um die Stärken und Schwächen in deren Zusammenhang zu analysieren. Wichtig ist, dass die Chancen und Risiken immer aus dem Umfeld kommen, das heisst Entwicklungen sind, welche von aussen auf die Organisation wirken. Stärken und Schwächen sind interne Faktoren, welche direkt mit der Organisation zu tun haben. Es ist darauf zu achten, dass als Chancen und Risiken keine in die Zukunft projizierten Stärken und Schwächen aufgezeigt werden.

Die Chancen und Risiken werden abgeleitet aus der Umfeld- (S. 68) oder Branchenanalyse (S. 74). Die Stärken und Schwächen aus der Konkurrenzanalyse (S. 89) oder einer zusätzlichen internen Stärken-Schwächenanalyse.

Danach werden Massnahmen definiert, indem die jeweiligen Stärken oder Schwächen mit den Chancen oder Risiken kombiniert werden.

intern
Konkurrenzanalyse, Stärken/Schwächen-Analyse

	Stärken	**Schwächen**
Chancen (extern: PESTEL, Brachenanayse)	**SO Strategie** Stärken nutzen, um Chancen zu realisieren – Chance nutzen? – Stärke ausbauen?	**WO Strategie** Schwächen abbauen, um Chancen zu nutzen – Chance fallen lassen? – Schwäche reduzieren?
Risiken	**ST Strategie** Stärken nutzen, um Bedrohungen zu managen – Bedrohungen managen? – Stärke ausbauen?	**WT Strategie** Schwächen abbauen, um Bedrohungen zu vermeiden – Schwäche reduzieren? – Bedrohung verkraftbar?

c. Praxis

Folgendes Vorgehen hat sich bewährt:

1) Als erstes listen Sie Chancen und Risiken auf, dann priorisieren Sie diese. Die wichtigsten werden in die SWOT übernommen. Nutzen Sie zur Priorisierung eine einfache Dreier-Skala: 1 = sehr wichtig, 2 = wichtig, 3 = zu vernachlässigen

Nutzen Sie Ihre Erkenntnisse aus der Umfeld-Analyse PESTEL, S. 68 und Branchenanalyse, S. 74.

2) Dann definieren Sie interne Stärken und Schwächen. Achten Sie darauf, dass Stärken und Schwächen immer im Vergleich mit anderen erst zu Stärken oder Schwächen werden. Nutzen Sie deshalb auch Ihre Erkenntnisse aus der Konkurrenzanalyse, S. 89.
Wenden Sie wiederum die Dreierskala zur Priorisierung an. Die Gewichtung muss ebenfalls einen Bezug zu den Chancen und Risiken haben.

3) Danach nehmen Sie die Stärken und Schwächen mit der Priorisierung 1 und evtl. auch 2 in der SWOT auf.

Stellen Sie sich folgende Fragen:

Chancen

- Welche Einflüsse von aussen bieten uns eine Chance?
- Welche Entwicklungen können zu unseren Gunsten genutzt werden?
- Welche Faktoren des Umfeldes eröffnen uns neue Möglichkeiten?

Risiken

- Welche Einflüsse von aussen sind kritisch für unsere Idee?
- Welche Entwicklungen bergen Risiken?
- Welche Faktoren des Umfeldes gefährden unseren Erfolg?
- Welche Hürden werden uns durch andere in den Weg gelegt?

Stärken

- Was machen wir deutlich besser als andere?
- Was fällt uns einfacher als anderen?
- Was zeichnet uns positiv aus?
- Welche Vorteile haben wir?
- Für was werden wir gelobt?

Schwächen

- Was machen wir schlechter als andere?
- Womit haben wir Mühe?
- Was haben/machen andere immer besser als ich?
- Welche Nachteile haben wir?
- Für was werden wir gerügt?

4) Nun überlegen Sie, welche Massnahmen ergriffen werden müssen. Diese bilden die Grundlage zur Strategie. Am besten kennzeichnen Sie die Massnahmen mit den jeweiligen Nummern der Faktoren, z. B. S3/O1. Somit ist immer klar, von was Sie Ihre Strategie oder Massnahme abgeleitet haben. Was werden Sie tun?

SO Strategie
- Welche Stärken nutzen wir, um Chancen zu ergreifen?
- Welche Stärke bauen wir aus, um welche Chance zu nutzen?
- Welche Chance fällt uns durch welche Stärke in den Schoss?
- Haben wir eine Stärke, die uns eine Chance verwehrt?

WO Strategie
- Welche Schwäche verhindert welche Chance?
- Welche Chance ermöglicht uns das Minimieren welcher Schwäche?
- Welche Schwäche müssen wir beheben, um welche Chance zu nutzen?
- Welche Chance lassen wir fallen, weil unser Können nicht ausreicht?
- Haben wir eine Schwäche, die uns eine Chance eröffnet?

ST Strategie
- Gibt es eine Stärke, die wir nutzen können, um Bedrohungen zu managen?
- Gegen welche Bedrohungen gehen wir mit welchen Stärken vor?
- Welche Stärke müssen wir ausbauen, damit wir welche Risiken minimieren?
- Gibt es eine Stärke, welche eine Bedrohung steigern könnte?

WT Strategie
- Welche Schwäche verstärkt welche Bedrohung?
- Welche Schwäche müssen wir angehen, um welche Herausforderung zu meistern?
- Welche Bedrohung ist verkraftbar, weil das Angehen der Schwäche zu aufwändig wäre?
- Haben wir eine Schwäche, welche ein Risiko verhindert?
- Durch das Vermeiden welcher Gefahr minimieren wir welche Schwäche?

d. Beispiel

	Chancen	Prio		Risiken	Prio
	Einfache Fachbücher sind im Trend.	1		starke Konkurrenz	1
	Die Schweiz ist ein Land der KMUs.	2		elektronische Medien	2
	Y Generation: Selbstständigkeit und Unabhängigkeit wird gesucht.	2		Urheberrechte und Autorenrechte: Plagiatsklagen bei Master- und Doktorarbeiten	3
	Die Schweiz gilt als innovativstes Land der Welt.	3		Digital Natives lesen keine Bücher (Papierversion).	2

	Stärken	Prio		Schwächen	Prio
	abgestimmt auf Unterricht	3		unbekannt	1
	Zusammenfassung	2		kein Verlag als Unterstützung	2
	Arbeitsbuch mit theoretischen Angaben	1		fehlende elektronische Ergänzungen (digital Natives)	2
	rezeptartiges Vorgehen	2			

SWOT

	Chancen	Prio		Risiken	Prio

	Stärken	Prio		Schwächen	Prio

Einflüsse von intern = Stärken und Schwächen	Stärken		Schwächen	
	S1	Zusammen-fassung	W1	unbekannt
	S2	Arbeitsbuch	W2	fehlender Verlag
	S3	rezeptartiges Vorgehen	W3	fehlende elektronische Ergänzungen
	S4		W4	
Einflüsse von extern → Chancen und Risiken	S5		W5	
Chancen				
O1	Trend Fachbücher	S2 / O1: Trendiges Fachbuch erstellen, mit einfacher Theorie und Arbeitsblättern = Positionierung	W2 / O1: Trendverlag suchen und anfragen (Partnerschaft)	
O2	KMU Land			
O3	Unabhängige Y Generation			
O4				
O5				
Risiken				
T1	Starke Konkurrenz	S1 / T1: Nicht als Fachbuch (starke Konkurrenz) positionieren, sondern als Arbeitsbuch.	W3 / T3: elektronische Medien abchecken und integrieren (Partnerschaft)	
T2	Elektronische Medien			
T3	Digital Natives			
T4				
T5				

Erkenntnisse:

- Habe ich wirklich eine Chance? Brauche starke Partnerschaften.
- Elektronische Medien bleiben ein Thema ⇨ vorsichtshalber eine Domain reservieren.
- Den Trend mit den einfachen Fachbüchern inkl. Design möchte ich nutzen.

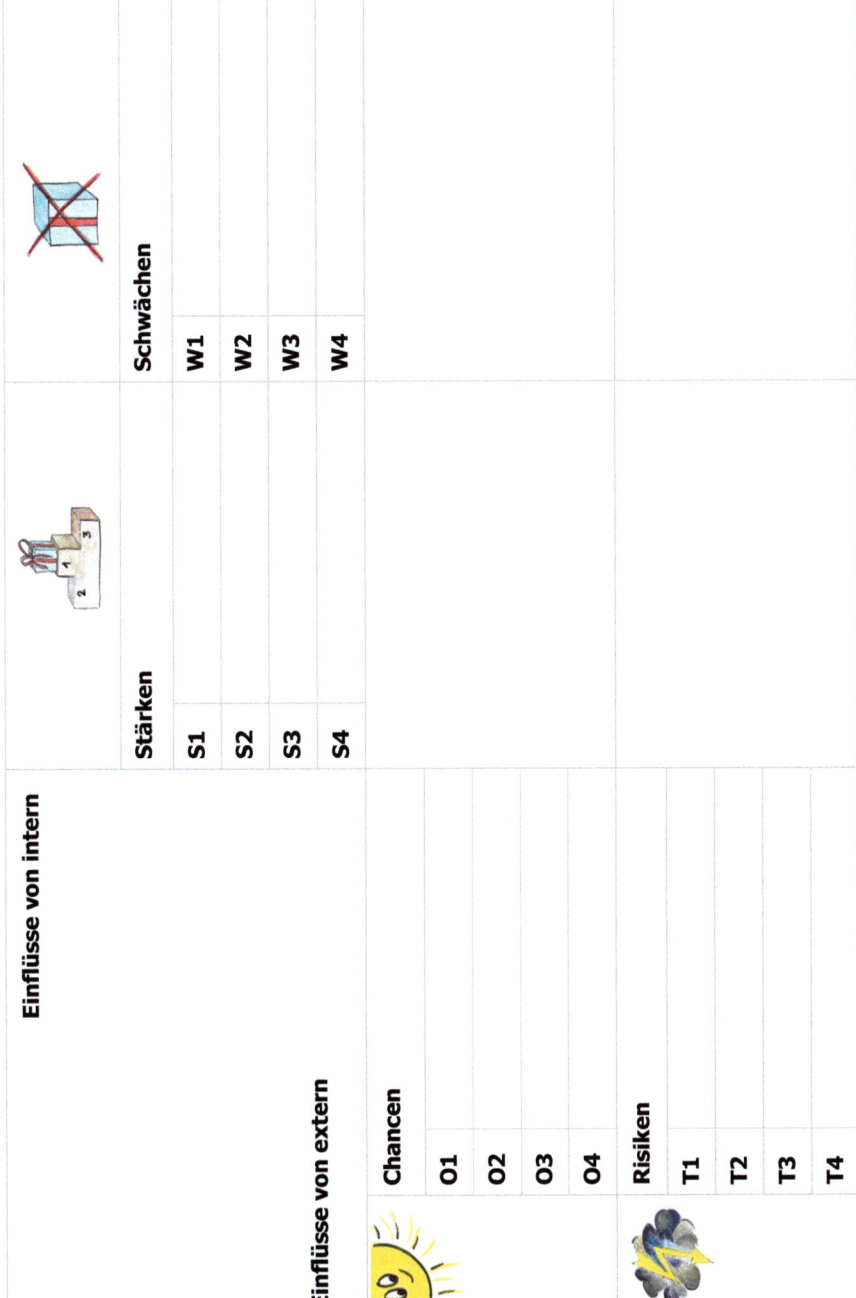

13. Blue Ocean Strategy

a. Weshalb?

Beni: Oh, oh…ich dachte, dass Dingsbums genial und einmalig ist. Aber in der Zwischenzeit habe ich erkannt, dass andere Anbieter in demselben Teich fischen.

Nina: Leider wahr! Es lohnt sich vielleicht nicht, sich mit andern auf einen Kampf um einen grösseren Marktanteil einzulassen.

Beni: Wenn wir nur einen eigenen Teich finden würden!

Nina: Wenn du das Wort Teich in den Mund nimmst, kommt mir die Blue Ocean Strategie in den Sinn. Die sagt eben genau, dass es sich nicht lohnt, um dieselben Kunden zu werben wie alle anderen, sondern dass man neue Kunden suchen soll – oder eben neue Teiche.

Beni: Wieso heisst es dann nicht Teichtheorie?

Nina: Weil wir nach grösseren Gewässern suchen! Der Blaue Ozean ist derjenige Ozean, der frei von Kämpfen ist und nicht rot gefärbt vom Blut durch Bisse. Im Blauen Ozean unterscheiden sich die verschiedenen Fische und sind deshalb keine Konkurrenz. Anstatt eines zermürbenden Kampfs kommt Kreativität zum Zuge. Wir können die Gedanken von Blue Ocean nutzen, um Alleinstellungsmerkmale oder Nischen zu finden.

Beni: Kreativität tönt gut!

b. Theorie

Die Blue Ocean Strategie gilt als erfolgreiche Innovationsstrategie[40] von Chan Kim und Renée Mauborgne[41]. Dies wurde durch eine breit angelegte Studie mit 150 Unternehmen aus 30 Branchen bewiesen. Blaue Ozeane sind im übertragenen Sinn neue Märkte mit wenig Konkurrenz. Rote Ozeane sind existierende Märkte mit hoher Konkurrenzdichte. Blaue Ozeane gestaltet man mittels innovativer Marktfelder, weil sowohl Differenzierung wie auch Kostenvorteile genutzt werden. Kosten werden gesenkt, indem nicht wertsteigernde Dinge weggelassen werden.

Als Erstes werden Marktgrenzen umgestaltet. Es werden weitere Möglichkeiten in Form neuer Branchen, neuer Kundensegmente oder neuer Trends gesucht. Dann wird die eigentliche Nachfrage aus Sicht der Kunden bearbeitet, indem vier Kundengruppen und deren Bedürfnisse und Erwartungen analysiert werden. Dabei werden Nichtkunden in den Mittelpunkt gestellt.

Kundengruppe	Beschreibung
Bestehende Kunden	Sie nutzen das Angebot und sind damit zufrieden.
Baldige Nichtkunden	Sie nutzen das Produkt, weil sie keine bessere Variante kennen. Sobald es geht werden sie abspringen.
Sich verweigernde Nichtkunden	Sie kennen wohl das Angebot, halten es aber für unattraktiv.
Unentdeckte Nichtkunden	Sie kennen das Angebot nicht, werden auch nicht als mögliche Kunden erkannt. Ihre Bedürfnisse könnten jedoch durch das Produkt oder die Dienstleistung erfüllt werden.

In einer dritten Phase wird das Angebot auf innovative Art und Weise hinterfragt.

Abb: Vier-Aktionen-Format[42]

Reduzierung	Kreierung
Eliminierung	Steigerung

Theoretische Zwischenbemerkung: SCAMPER

Die Kreativitätsmethode SCAMPER macht etwas Ähnliches wie die Blue Ocean Strategie. Es werden ebenfalls neue Dimensionen miteinbezogen. SCAMPER[43] schlägt sieben Perspektiven vor. Die Perspektiven können auf das gesamte Produkt oder nur auf gewisse Teile, Formen, Farben usw. angewendet werden.

S Substitute Tauschen Sie aus		– ersetzen – substituieren – auswechseln – alternieren – umbenennen
C Combine Kombinieren Sie	– vereinen – mischen – zusammenbringen – gruppieren – verknüpfen	
A Adapt & Add Passen Sie an oder erweitern Sie		– kopieren – hinzufügen – übertragen – adaptieren – ergänzen
M Magnify & Modify Vergrössern Sie	– ausdehnen – erweitern – bis ins Extreme gehen – verbessern – betonen	
P Put to other use Verändern Sie den Zweck		– zusätzlich verwenden – übertragen – umnutzen – andere Märkte, Branchen, Funktionen, Kunden
E Eliminate Eliminieren Sie	– weglassen – streichen – sparen – aufteilen, abspalten – begrenzen	
R Rearrange & Reverse Drehen Sie um		– umwandeln – das Gegenteil tun – verwandeln – Unerwartetes nutzen – ändern

SCAMPER

S Substitute

C Combine

A Adapt & Add

M Magnify & Modify

P Put to other use

E Eliminate

R Rearrange & Reverse

S Substitute
- *Umschlag ersetzen durch Ordner? Blätter austauschbar*

C Combine
- *Passende Theorien aus der Managementliteratur und Design Thinking werden kombiniert*

A Adapt & Add
- *Arbeitsblätter integrieren – wird zum Arbeitsbuch*
- *Arbeitsblätter auch elektronisch anbieten*
- *Grafiken*

M Magnify & Modify
- *Arbeitsblatt-Seiten müssen mehr Platz haben – A4 nicht A5*

P Put to other use

E Eliminate
- *einfaches Arbeitsbuch nur mit Arbeitsblättern für Studenten – günstiger*

R Rearrange & Reverse
- *Nicht Buch zum Lesen, sondern Buch zum Selbstschreiben – Tagebuch*

c. Praxis

Kundenfragen:

- Welche Kundengruppen haben welche Bedürfnisse?
- Weshalb sind es Kunden? Weshalb sind es Nichtkunden?
- Weshalb sind sie zufrieden? Weshalb sind sie nicht zufrieden?

		Fragen
	Bestehende Kunden	- Welches sind meine Kunden? - Weshalb sind sie zufrieden? - Was schätzen Sie besonders? - Was darf ich nicht verändern, da es besonderen Wert für die Kunden hat? - steigern, kreieren? Erkenntnisse aus Persona (S. 36) und Value Proposition (S. 45) benutzen!
	Unentdeckte Kunden	- Welche Kundengruppen könnten von meinem Angebot profitieren, kennen es aber nicht? - Welche Kunden evtl. aus anderen Branchen haben gleiche oder ähnliche Bedürfnisse wie meine Kunden? - Welche Produkte oder Dienstleistungen könnten durch mein Angebot ergänzend profitieren?
	Baldige Nicht-kunden	- Welche Kunden sind nicht zufrieden mit meinem Angebot und nutzen es dennoch, weil sie noch nichts Besseres gefunden haben? - Weshalb sind sie unzufrieden? - Was könnte ich verändern, damit sie zufrieden sind? – eliminieren, reduzieren, steigern? - Was fehlt diesen Kunden? – kreieren?
	Sich verweigernde Nichtkunden	- Welche Kundensegmente haben sich gegen unser Angebot entschieden? - Welches sind die Gründe dafür? - Wie kann ich mein Angebot verändern, damit es für diese Kunden interessant wird? – eliminieren, reduzieren, steigern, kreieren?

d. Beispiel

	Kunden	Nichtkunden
unzufrieden	**Baldige Nichtkunden** – *Studenten, die elektronische Medien vorziehen, aber noch kein passendes finden (z. B. eBook)*	**Sich verweigernde Kunden** – *ZHAW Studenten, die Zusatzkosten zu den Modulkosten scheuen* – *ZHAW Studenten, die nicht interessiert sind, etwas zu lesen oder sich zu vertiefen*
zufrieden	**Bestehende Kunden** – *Fachhochschul-Studenten* – *schätzen das Skript als unterstützendes, praktisches Arbeitsinstrument*	**Unentdeckte Kunden** – *Menschen die eine Idee zu einem Geschäftsmodell haben und Unterstützung suchen*

Erkenntnisse:

- Skript auch elektronisch anbieten – günstiger! Achtung! Wie schütze ich das Skript, wenn ich es als PDF herausgebe? Wie komme ich zu einem eBook?
- Reduzieren: Nur Arbeitsblätter abgeben?
- Steigern: Freude am Skript durch Grafiken und Design
- Steigern: Zusatztheorie einbauen, dadurch können auch Nichtstudenten geködert werden.
- Kreieren: Zusammenfassung der wichtigsten und neusten Theorien als Grundlage zur Umsetzung

Kundenanalyse

> Weshalb?

	Kunden	**Nichtkunden**
unzufrieden	Baldige Nichtkunden	Sich verweigernde Kunden
zufrieden	Bestehende Kunden	Unentdeckte Kunden

14. Ansoff Matrix

a. Weshalb?

Beni: The Blue Ocean Strategy gefällt mir. Erfolg durch Querdenken ist genau mein Fall.

Nina: Ja, das liegt dir sehr. Ich habe etwas mehr Mühe, da mir nicht gleich die erfolgversprechenden Ideen kommen. Das überlasse ich dir.

Beni: Mache ich gerne!

Nina: Ich kenne noch einen anderen Strategen, er heisst Igor Ansoff. Er hat eine Matrix entwickelt, um aufzuzeigen, auf welche Art und Weise Wachstum möglich wäre. Ich meine damit Wachstum im Absatz.

Beni: Du meinst, Ansoff zeigt uns, auf welche Art und Weise Dingsbums verstärkt abgesetzt werden könnte?

Nina: Genau! Teils erinnert es auch an die Blue Ocean Strategy. Aber durch die klare Struktur hilft es mir in verschiedene Richtungen zu denken. Wir haben zwei Achsen. Auf der einen Seite versucht man durch Variationen von Dingsbums, also durch unser Angebot, erfolgreicher zu werden und auf der anderen Seite versucht man neue Märkte zu entdecken.

Beni: Ganz ehrlich, das tönt auch nicht schlecht. Versuchen wir es doch!

b. Theorie

Igor Ansoff, ein russisch-amerikanischer Mathematiker und Business Guru hat eine Vier-Felder-Matrix entwickelt, um Strategievarianten aufzuzeigen. Alle vier Varianten steigern das Wachstum, sei es durch neue Produkte, neue Märkte oder Ausnutzung eines bestehenden Marktes mit bestehenden Angeboten.

Neue Produkte oder Dienstleistungen	Produkteentwicklung	Diversifikation
Bestehende Produkte oder Dienstleistungen	Marktdurchdringung	Marktentwicklung
	Bestehender Markt	**Neuer Markt**

Pro Feld werden andere Aktivitäten angegangen:

Marktdurchdringung Ausschöpfen des Marktes und Steigerung des Umsatzes durch Abwerben der Kunden bei den Konkurrenten oder Gewinnung von Neukunden.

Marktentwicklung Neue Märkte suchen, die mit dem bestehenden Angebot bedient werden können.

Produkteentwicklung Das bisherige Angebot entwickeln. Dazu gehört, ein Angebot zu verändern oder ein neues Angebot zu schaffen. Die Entwicklung kann vertikal, horizontal oder lateral geschehen. Die Variationen werden in bekannten Märkten vertrieben.

Diversifikation Neue Märkte mit Produkten und Dienstleistungen ausserhalb des heutigen Angebotes bearbeiten, was bedeutet neue Kunden oder Märkte mit neuen Angeboten zu gewinnen.

Diversifikationsstrategien sind häufig risikoreich und nicht immer erfolgreich. Es ist deshalb einfacher, eine der anderen Varianten anzuwenden.

c. Praxis

Die folgenden Überlegungen lohnen sich nur, wenn man wachsen möchte. Wachsen bedeutet, den Marktanteil oder den Umsatz zu erhöhen.

Marktdurchdringung: Wie kann ich den Absatz im bestehenden Markt mit bestehenden Angeboten steigern?
- Kann ich mit Werbung oder verstärkter Akquisition neue Kunden gewinnen?
- Ist es möglich, mit Preissenkungen oder Aktionen Kunden zu gewinnen?
- Gibt es Elemente des Angebotes, welche ich einzeln anbieten könnte?
- Gibt es Produkte oder Dienstleistungen, die ich gut imitieren kann und dadurch mit Me-Too-Angeboten Kunden gewinne?

Marktentwicklung: Wie kann ich den Markt ausweiten?
- Geografische Ausweitung?
- Neue Käufergruppen für dasselbe Angebot?
- Neues demografisches Kundensegment, z. B. Alter, Bildung, Kaufkraft
- Neue Vertriebskanäle, z. B. elektronisch?
- Neue Verwendungszwecke des Angebotes?

Produkteentwicklung: Kann ich mein Angebot weiterentwickeln, verändern durch zusätzliche Serviceleistungen?
- Passen neue Angebote zu meinen bestehenden Kunden?
- Ähnliche Produkte, die ergänzend genutzt werden?
- Neue Angebote, die durch dieselben Kunden genutzt werden
- **Laterale Entwicklung**: Ergänzung des Angebotes durch passende weitere Angebote
- **Horizontale Entwicklung**: Gleiches Produkt in verschiedenen Ausprägungen, Sortimentserweiterung
- **Vertikale Entwicklung**: Integration von Service oder einer Vor- oder Nachstufe des Angebotes
- **Spillover**: Gibt es weitere Produkte, die von meiner Reputation oder Marke profitieren könnten?

Diversifikation
- Kann ich ein völlig neues Angebot für neue Kunden entwickeln?
- Kann ich vor- oder nachgelagerte Aktivtäten zu meinem Angebot selbst anbieten?
- **Spillover**: Sprechen meine Kunden mit potentiellen neuen Kunden, für die ich meine Angebote etwas anpassen oder verändern könnte, damit sie davon profitieren?

Ich habe Blumen verdient, weil....

d. Beispiel

Das Erstellen des Skriptes war bereits eine laterale Produkteentwicklung. Die Ursprungsdienstleistung des Unterrichts wird durch das Skript und das daraus entstehende Buch ergänzt. Die Entwicklung des Skriptes zum Buch bedeutet eine Produkteentwicklung. Die folgenden Überlegungen gehen nun von My Book für Fachhochschulstudenten aus.

Mögliche Entwicklungen für My Book:

neue Produkte oder Dienstleistungen	- digitales Angebot mit Inhalt von My Book - gleiche Art des Buches mit neuem Inhalt - neue Kapitel oder Phasen für My Book	- Blog - Unterrichtsmaterial erstellen für Lehrkräfte
bestehende Produkte oder Dienstleistungen	My Book - für ZHAW Studenten - Werbung über BENE Webseite - Mund zu Mund-Werbung der Studenten - ehemalige Studenten	- Start Ups - Angestellte Führungskräfte - Selbstständige im Nebenerwerb - interessierte Leser - übersetzen in eine andere Sprache
	bestehender Markt	**neuer Markt**

Erkenntnisse:

Ich muss die Bekanntheit des Buches steigern – neue Kundensegmente sind in Griffweite: Aufstellen in Buchläden? Wie komme ich dahin?

Ansoff Matrix

	bestehender Markt	neuer Markt
neue Produkte oder Dienstleistungen		
bestehende Produkte oder Dienstleistungen		

15. Stuck in the middle (Porter)

a. Weshalb?

Beni: Die Beschreibung der Personas mit ihren Geschichten hat uns ja bereits eine gewisse Übersicht über die Abnehmer ermöglicht. Nun haben wir noch mehr. Ich kann mir Dingsbums bereits klarer vorstellen und auch wie alles funktionieren sollte.

Nina: Ich möchte dir nochmals eine Theorie von Porter vorstellen. Es geht um die Positionierung von Dingsbums.

Beni: Positionierung? Das verstehe ich nicht ganz.

Nina: Marktpositionierung befasst sich mit der Frage, als was Dingsbums erkannt werden soll. Wollen wir auffallen, weil wir sehr gute Qualität erbringen? Oder weil wir besonders günstig sind und die Kostenführerschaft übernehmen?

Beni: Müssen wir uns für eines entscheiden? Wäre es nicht besser, wir hätten beides?

Nina: Nein, das geht leider nicht. Sonst würden wir in der Mitte stecken bleiben und nicht weiterkommen, weil die Konkurrenz in einem Bereich besser ist. Es wird immer welche geben, die günstiger sind, weil sie grosse Mengen produzieren oder solche, die bessere Produkte auf den Markt bringen. Die Kunden würden dann nicht Dingsbums wählen.

Beni: Stimmt, ich wähle auch nicht etwas das schlechter ist und dafür teurer.

Nina: Die Positionierung von Dingsbums muss noch nicht so deutlich sein, aber wir können das Modell nutzen, um es zu verbessern und dann abzuschätzen, in welche Richtung es uns zieht.

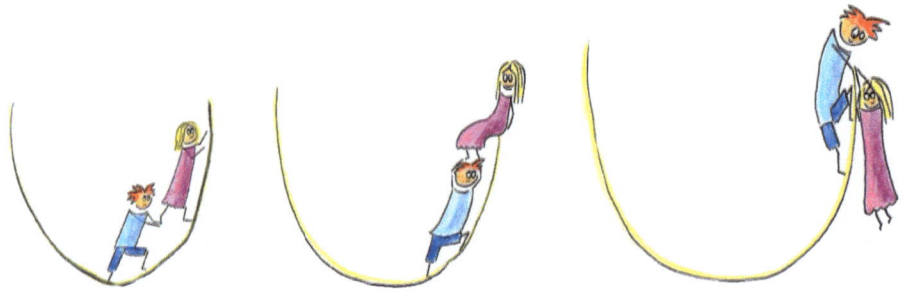

b. Theorie

Porter meint, dass man auf Unternehmensebene eine generelle Ausrichtung festlegen sollte, um die Rentabilität der Branche zu erreichen. Bei ihm stehen sich die Differenzierung und die Kostenführerschaft gegenüber. Differenzierung meint damit, aus Sicht der Kunden einzigartig zu sein. Kostenführerschaft bringt dem Kunden durch die tiefen Preise einen Vorteil.

		Strategischer Vorteil	
		Singularität aus Sicht des Kunden	Kostenvorsprung
Strategisches Ziel	Branchenweit	**Differenzierung**	**Umfassende Kostenführerschaft**
	Beschränkung auf ein Segment	**Konzentration auf Schwerpunkte**	

Abb.: Generische Wettbewerbsstrategien nach Porter[44]

Konzentration auf Schwerpunkte bedeutet, dass man sich eine Nische sucht, welche nicht von einem anderen Konkurrenten abgedeckt wird. Man könnte auch sagen: „Klein aber fein". Dadurch kann die Rentabilität erhöht werden. „Stuck in the middle" wird durch folgende Grafik erklärt.

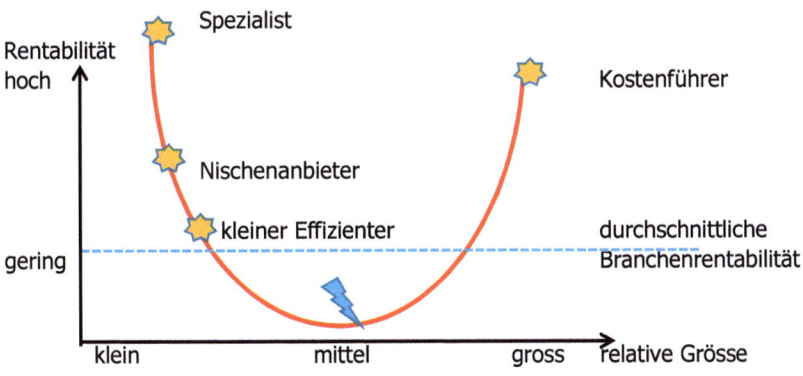

Abb.: Porters U-Kurve[45]

Theoretische Zwischenbemerkung: Three paths to market leadership

In der Harvard Business Review[46] beschrieben Michael Treacy und Fred Wiersema drei Schwerpunkte, welche zusätzlichen Nutzen für den Kunden generieren:

Operational Excellence

Zweckmässigkeit und Kostenführerschaft

Zuverlässige Produkte und Dienstleistungen zu wettbewerbsfähigen oder günstigen Preisen. Es ist einfach, die Produkte zu erwerben oder die Dienstleistungen in Anspruch zu nehmen. Die günstigen Preise können durch schlanke Prozesse im Massenmarkt erreicht werden. Der Schlüssel zum Erfolg ist die Standardisierung.

Customer Intimacy

Individuelle Angebote und Service

Die Organisation ist sich bewusst, dass Kunden Problemlösungen und nicht Produkte suchen. Die Angebote werden optimal auf den Kunden und dessen Bedürfnisse zugeschnitten. Auf Anfragen wird schnell reagiert und auch spezielle Wünsche werden erfüllt. Die Extrameile wird nicht gescheut! Dies wird erreicht durch Flexibilität. Diese Betriebe setzen auf lebenslange Loyalität anstatt auf eine profitable Einzelaktion. Sie erhöhen den Kundennutzen, anstatt den Preis zu senken.

Product Leadership

Neuheit und Aktualität

Durch das Anbieten der neusten Errungenschaften bieten sie den Kunden Exklusivität. Kunden kaufen einen Lebensstil. Voraussetzung sind Kreativität und Innovation und sehr kurze Reaktionszeiten auf Neues. Dabei sind die Organisationen häufig mehr nach technologischen Visionen ausgerichtet und weniger nach konkreten Kundenerwartungen.

Verschiedene Kundensegmente suchen eher die Angebote des einen oder anderen Schwerpunktes. Dabei sollte beachtet werden, dass Unternehmen maximal zwei Schwerpunkte bieten können, sonst verwässern sie diese. Dies deckt sich mit der Theorie von Porter. Es ist kaum möglich die Kostenführerschaft und einen individuellen Service gleichzeitig aufrecht zu erhalten.

c. Praxis

Anhand der folgenden Fragen können Sie abtasten, in welche Sparte Sie am ehesten gehören.

Spezialist

- Wo bin ich einmalig (vgl. Kernkompetenzen, S. 30)?
- Welche Produkte/Dienstleistungen sind luxuriös?
- Welche speziellen Angebote habe ich?
- Welche Expertise habe ich?
- Kann ich mich unterscheiden durch technologische Führerschaft, Image oder starke Kundenorientierung?
- Ist das Anbieten eines einzigartigen Produktes oder einer individualisierten Dienstleistung meine Stärke?
- Habe ich das Monopol im Erfüllen eines Kundennutzens?

Nischenanbieter

- Welche Kundenwünsche kann ein grosser Anbieter nicht abdecken?
- Gibt es Teilspezialitäten, die ich besser kann als Grosse?
- Welche Region ist für einen grossen Anbieter nicht spannend?
- Welche Kundensegmente sind unwichtig für die grossen Starken?
- Ist das Anbieten eines einzigartigen Produktes oder einer Dienstleistung für wenige Kunden meine Stärke?

Der kleine Effiziente

- Welche Kosten sind bei mir tiefer?
- Wo bin ich schneller?
- Wo bringt mir meine geringe Grösse Vorteile?
- Ist die günstige und flexible Erstellung eines Produktes oder einer Dienstleistung in kleinen Mengen meine Stärke?

Kostenführer

- Was kann ich langfristig zu tieferen Preisen anbieten?
- Womit erreiche ich grosse Massen?
- Welche Kosten kann ich deutlich tiefer halten und dadurch günstiger produzieren oder anbieten?
- Sind grosse Mengen und die effiziente Erstellung von günstigen Produkten oder die Erbringung von schlanken Dienstleistungen meine Stärke?

d. Beispiel

Spezialist 	– Ich bin keine Spezialistin in der Literatur. – Fehlender wissenschaftlicher Hintergrund – Spezialisierung in der Kombination von Theorie und Praxis?
Nischenanbieter	– Im Rahmen der CAS Geschäftsführung habe ich eine gute Nische gefunden. – Bücher sind für grosse Ideen oder das Management von Firmen geschrieben –Nische = Menschen mit eigenen Ideen ohne bestehende Unternehmen und Management
Der kleine Effiziente 	– Als Ein-Frau-Betrieb kann ich schnell reagieren und auf besondere Wünsche eingehen
Kostenführer	– Kleine Auflage – eher hohe Kosten – Selbst produzieren?

Erkenntnisse:

- Ich muss weitere Kundensegmente suchen, nur die Studenten der ZHAW genügen nicht (hohe Kosten pro Skript!) – weitere Kundensegmente, long tail?
- Wie kann ich das Skript anpassen, damit auch Nichtstudenten bereit wären dafür zu bezahlen? – Bedürfnisse von Persona Irene untersuchen!
- Als Nischenanbieterin lohnt es sich vielleicht, auf besondere Bedürfnisse einzugehen. – Customizing Möglichkeiten?
- Werde nie die Kostenführerschaft anstreben! Ich werde den Preis vernachlässigen und aus den kritischen Erfolgsfaktoren entfernen.

Spezialist

Nischenanbieter

Der kleine Effiziente

Kostenführer

16. Vision

a. Weshalb?

Beni: Liebe Nina, nun habe ich aber genug von Theorien und Modellen.

Nina: Das verstehe ich Beni, ich wollte dir nur zeigen, was in der Literatur so beschrieben wird. Ich finde, dass man viel davon lernen oder gar einiges übernehmen kann.

Beni: Vielleicht, aber wir müssen schlussendlich für uns selbst entscheiden, oder?

Nina: Ja, wir brauchen unsere eigene Strategie. Und wir müssen uns einigen, wie wir Dingsbums positionieren. Damit wir dies tun können, müssen wir uns aber als erstes bewusst sein, was wir überhaupt wollen.

Beni: Wir wollen Dingsbums erfolgreich machen!

Nina: Das ist schon klar. Mit fehlt eine Vision. Eine Vision ist wie ein Ziel, das uns in die Zukunft führen wird. Sie leitet uns und wir wissen, weshalb wir alle Mühen auf uns nehmen werden. Die Vision wird unser Leitstern.

Beni: Darf die Vision auch ein wenig verrückt sein? In meinem Kopf habe ich schon ein paar Träume für und mit Dingsbums.

Nina: Sicher! Eine Vision leitet uns für die nächsten 10 Jahre und wir sind nicht sicher, ob wir sie je erreichen werden. Aber auf jeden Fall marschieren wir los und zwar in die richtige Richtung.

„Nur wer sein Ziel kennt, findet den Weg!" Laotse

b. Theorie

„Eine Vision ist ein Traum mit Verfallsdatum" Thomas Kell

Die Vision ist eine auf die weite Zukunft gerichtete Leitidee. Sie wird für die nächsten zehn Jahre definiert. Die Definition darf herausfordernd sein und es ist nicht sicher, ob man die Vision überhaupt erreichen wird. Sie wirkt wie ein langfristiges Ziel und gibt die Richtung an.

Eine Vision muss folgende Eigenschaften haben[47] [48].

- positiv ausformuliert und klar verständlich
- sinnstiftend und mit hoher motivationaler Wirkung
- handlungsleitend und richtungsangebend und trotzdem flexibel
- Prägnant und individuell im Bezug zum jeweiligen Unternehmen

Es gibt verschiedene Arten von Visionen[49]:

Zielfokussierte Vision	Der angestrebte Zustand wird quantitativ und qualitativ beschrieben.
Wandelfokussierte Vision	Die Vision beschreibt, wie man sich von einer Spezialität in eine andere umwandelt.
Rollenfokussierte Vision	Diese Vision beschreibt, welche Rolle das Unternehmen einnehmen möchte und als was es angesehen werden will.
Feindfokussierte Vision	Das Ziel ist, den Konkurrenten zu übertreffen.

c. Praxis

Folgende Fragen könnten Ihnen helfen, Ihre Vision oder Ihr langfristiges Ziel zu definieren:

- Was möchte ich erreichen? Was würde mich sehr stolz machen?
- Was ist für mich ein grosser Traum, welchen ich zu verwirklichen versuche?
- Wie könnte mein Angebot in 10 Jahren lauten?
- Welche Wirkung wünsche ich mir für meine Geschäftsidee?
- Wie soll von meinem Angebot gesprochen werden?

Überprüfen Sie Ihre Vision mit branchenfremden und branchentypischen Unternehmen. Sie sollten inhaltlich höchstens 50% mit branchenfremden und 75% mit derjenigen von Unternehmen der eigenen Branche übereinstimmen, sonst sind sie nicht spezifisch und individuell.[50]

d. Beispiel

My Book ist ein Bestseller!

Nein! Eigentlich ist es......

My Book, das beliebte praktische Fachbuch unterstützt Menschen bei ihren Tätigkeiten und schreibt nach 3 Jahren schwarze Zahlen.

Meine Vision!

17. Strategie

a. Weshalb?

Beni: Liebe Nina, nun habe ich aber genug von Theorien und Modellen.

Nina: Das verstehe ich Beni, ich wollte dir nur zeigen, was in der Literatur so beschrieben wird. Ich finde, dass man viel davon lernen oder gar einiges übernehmen kann.

Beni: Das hat auch geholfen. Nun kann ich aber kaum mehr warten loszulegen. Auf zur Strategie!

Nina: Wir werden sie gleich definieren. Wie findest du die Idee, danach mit der Herstellung von Dingsbums zu beginnen und parallel über die Vermarktung nachzudenken?

Beni: Sicher, je praktischer desto besser!

Nina: Aber erst die Strategie.

Beni: In meinem Kopf schwirren schon erste Gedanken zur Strategie. Die Positionierung ist ohnehin klar, so exzellent wie Dingsbums ist. Hmmm ... aber es stimmt eigentlich: Einige Gedanken sind aufgetaucht, als wir uns unterhalten haben über Ozeane, das Steckenbleiben in der Mitte und Expandierung nach Ansoff.

Nina: Genau, aber vergiss nicht die Effecutation. Ganz zu Beginn haben wir dort die Mittelorientierung genutzt. Effectuation selbst kann auch eine Strategie sein.

Beni: So lass uns nun die eigene typische Strategie für Dingsbums erarbeiten!

„Nur wer sein Ziel kennt, findet den Weg!"
Laotse

Kleine Zusammenfassung der oben beschriebenen Strategien oder Positionierungen (alphabetisch geordnet):

Ansoff (S. 116)	− Marktentwicklung − Marktdurchdringung − Produktentwicklung − Diversifikation
Blue Ocean Strategie (S. 106)	− Differenzierung wie auch Kostenvorteile − Marktgrenzen umgestalten − Nachfrage aus Sicht der Kunden bearbeiten − Eliminierung, Reduzierung, Kreierung, Steigerung
Effectuation (S. 24)	− Prinzip der Mittelorientierung (Bird in Hand) − Prinzip der Partnerschaft (Crazy Quilt) − Prinzip der Zukunftsorientierung (Pilot in the plane) − Prinzip des leistbaren Verlusts (Affordable Loss) − Prinzip der Umstände und Zufälle (Lemonade)
Kritische Erfolgsfaktoren (S. 82)	− Erfolgsbestimmende Faktoren bei Produkt, Dienstleistung, Service
Porter (S. 122)	− Nischenanbieter − Spezialist − Der effiziente Kleine − Kostenführerschaft
Prahalad (S. 30)	− Kernkompetenzen
Three paths to market leadership (S. 124)	− Operational Excellence − Customer Intimacy − Product leadership

b. Theorie

Das Wort Strategie kommt vom griechischen Wort Strategia, was Feldherrenkunst bedeutet. Es unterscheidet sich vom Wort Taktik, was „Kunst, ein Heer in Schlachtordnung zu stellen" bedeutet. Somit ist Strategie eine Kunst, welche langfristig wirkt und jeweils die Taktik der entsprechenden Schlacht beeinflusst.

Die Strategie oder die Feldherrenkunst bestimmen die Stossrichtung für eine Unternehmung oder ein Angebot für die nächsten drei bis fünf Jahre. Sie zeigt, welche Wege zum Erfolg führen. Taktische Entscheide werden meistens als Brücke zur operativen Umsetzung wahrgenommen und bestehen aus der Definition von Jahreszielen.

Um eine erste Strategie zu definieren, muss man sich einerseits bewusst sein, welches Ziel man verfolgt und anderseits, was überhaupt möglich ist und was passt. Das Ziel oder auch die Vision beantwortet die Frage WAS? oder WOHIN?, während die Strategie Antworten findet für WIE?. Die Möglichkeiten wurden durch die verschiedenen Kapitel dieser Phase abgetastet. Welches Ihr Ziel ist und welche Strategie am besten passt, dürfen Sie selbst definieren.

Die X Strategie stellt sich vier strategische Fragen[51]:

Marktposition	Wie stärken wir unsere Stellung auf den Märkten?
Kundenposition	Wie stärken wir unsere Stellung bei den Kunden?
Wettbewerbsposition	Wie stärken wir unsere Stellung im Wettbewerb?
Erfolgsposition	Wie stärken wir unser Geschäftsmodell und unser Unternehmen?

Diese vier Fragen können zur Entwicklung wie auch zur Überprüfung einer Strategie genutzt werden.

c. Praxis

Diese allgemeinen Fragen müssen gestellt werden:

- Was muss ich beachten, um erfolgreich zu bleiben oder zu werden?
- Welche Aktivitäten muss ich angehen, um meiner Vision näher zu kommen?
- Wie erreiche ich meine Ziele am ehesten?
- Was möchte ich in einem, in zwei, drei oder fünf Jahren erreicht haben?
- Welche Schwerpunkte sind bedeutend?
- Welchen Weg gibt es die Zukunft anzupacken?

Diese Fragen können durch Fragen aus der X Strategie[52] verfeinert werden:

Marktposition

Marktstrategie: Welche Märkte sind spannend für uns?
- Welcher Markt hat welche Priorität (lokal, regional, global)?
- Welche Märkte wären wichtig und werden noch zu wenig beachtet?

Zielgruppenstrategie: Welches Angebot bieten wir für welche Zielgruppe?
- Welche Zielgruppen sind absatz- und ertragsmässig attraktiv?
- Welche Noch-Nicht-Zielgruppen wären spannend?

Wachstumsstrategie: Was garantiert uns nachhaltiges Wachstum?
- Wie schaffen wir es, dass Absatz, Umsatz oder Margen wachsen?
- Wie erreichen wir Marktdurchdringung?
- Wie forcieren wir Angebotserweiterung?
- Wie kann Wachstum durch Partnerschaften, Allianzen, Zukauf verstärkt werden?

Kundenposition

Customer Value (Kundennutzen): Wie generieren wir optimalen Kundennutzen?
- Welchen Nutzen bieten wir bereits und welchen sollten wir zusätzlich verschaffen?
- Durch welchen Nutzen heben wir uns von der Konkurrenz ab?
- Wie verbessern wir den Nutzen in unseren Angeboten?

Channel Strategie: Welche Vertriebskanäle sind erfolgversprechend?
- Welche Vertriebskanäle ziehen unsere Kunden vor?
- Welche Kanäle erhöhen unsere Wirtschaftlichkeit?
- Wie erreichen wir zusätzliche Kunden?
- Welche Strategie (Omni- Multi- Single Channel) unterstützt uns?

Profilierungsstrategie: Wie können wir unser USP betonen?
- Wie kann unsere Marke oder unser Angebot durch Branding gewinnen?
- Wie können wir die Aufmerksamkeit für unser Angebot steigern?
- Wie können wir Kundenloyalität steigern?
- Wie können wir die Beziehungen zu unseren Kunden stärken und pflegen?

Wettbewerbsposition

Positionierungsstrategie: Welche Stellung streben wir im Markt an?
– Wodurch differenzieren wir uns?
– Streben wir Premium-, Kosten- oder Technologieführerschaft an?
– Zeichnen wir uns durch optimale Prozesse und Standardisierung aus?

Partnership-Strategie (Vernetzung, Networking): Durch welche strategischen Allianzen können wir unsere Marktstellung stärken?
- Suchen und pflegen wir Partnerschaften für Entwicklung, Produktion, Vertrieb oder Nachbetreuung?
- Treten wir einem Netzwerk bei?
- Suchen wir potentielle Anbieter zu kaufen oder begeben wir uns in den Schutz eines Anbieters?

Innovationsstrategie: Wie sichern wir die Zukunft durch Innovation?
- Welche Innovationsfelder sind wichtig für uns?
- Wie stellen wir Innovation sicher?

Erfolgsposition

Ressourcenstrategie: Mit welchen Ressourcen bauen wir unseren Erfolg auf?
- Welche strategischen Ressourcen (Kapital, Mitarbeitende, KnowHow, Infrastruktur usw.) sind erfolgsichernd?
- Welche Ressourcen haben wir, welche bauen wir aus und welche müssen wir zusätzlich beschaffen?

Wendigkeitsstrategie: Wie sichern wir unsere Flexibilität und Anpassungsfähigkeit?
- Wie gestalten wir schlanke, flexible Strukturen und Prozesse?
- Wie reduzieren wir Bürokratie und Verzögerungen?
- Wie machen wir unser Geschäft flexibler?

Business-Logik Strategie: Welches ist die Logik unseres Angebots?
- Wie bringen wir unser Geschäftsmodell weiter?
- Wie verbessern wir die Kapitalnutzung?
- Wie optimieren wir die verschiedenen Fraktale unserer Geschäftsidee? (vgl. Theoretische Zwischenbemerkung fraktale Geschäftsmodelle, S. 141)

d. Beispiel

Partnerschaft:

Suche einen starken Partner (Verlag) als professionelle Unterstützung. Ziel ist das Vertreiben von My Book im deutschsprachigen Raum.

Technologie:

Ausschöpfen der digitalen Möglichkeiten, um My Book digital zur Verfügung zu stellen (z. B. eBooks, Hilfsmittel)
Ziel: My Book wird auch von digital Natives genutzt.

Erkenntnisse:

- Wenn mein Hobby ein wirkliches Geschäftsmodell werden soll, brauche ich professionelle Partner. (Verlag, digitale Möglichkeiten)
- Sofort einen Domain Namen reservieren!
- Vielleicht sollte ich mich in der Startup Szene umsehen?

18. Business Canvas

a. Weshalb?

Beni: Wow, ich bin stolz auf uns! So viele Dinge haben wir beachtet und wir wissen nun, wie es funktioniert.

Nina: Ja ich bin auch ganz beflügelt. Alles ist so konkret und überzeugend. Als wir die Eigenschaften von Dingsbums fertig hatten, fassten wir das Ganze in einem Lean Canvas zusammen. Ich finde, wir sollten das nochmals tun. Kennst du den Business Canvas?

Beni: Nein, aber es tönt wieder einmal nach einem Arbeitsblatt.

Nina: Ja, du hast Recht. Der Business Canvas ermöglicht die gesamte Geschäftsidee auf einem A3 Blatt zusammenzufassen. Diese Zusammenfassung dient uns erstens, um jemandem zu erklären, wie das Geschäftsmodell von Dingsbums funktioniert und zweitens, für dich noch fast wichtiger, um weitere Geschäftsmodellvarianten zu erkennen. Das heisst, du kannst dann wieder kreativ werden.

Beni: Liebe Nina, ich merke, dass du genau weisst wie du mich packen kannst.

Nina: Gehört das nicht zu Geschäftsleuten?

b. Theorie

Alexander Osterwalder hat in seinem Buch Business Model Generation[53] den Business Canvas vorgestellt. Der Business Canvas dient der Erstellung von Geschäftsmodellen, indem er nicht nur den Kunden und das Produkt oder die Dienstleistung analysiert, sondern die Struktur des gesamten Geschäftsmodells. Der Canvas beinhaltet neun Felder. Jedes dieser Felder kann verändert werden und somit wandelt sich das gesamte Geschäftsmodell. Als erstes wird das Geschäftsmodell aufgezeichnet und die neun Felder werden kurz beschrieben. Dann wird überlegt, welches der neun Felder verändert werden kann, um den Erfolg zu steigern. Bitte beachten Sie, dass die Veränderung eines Feldes teilweise Veränderungen in einem anderen Feld nach sich zieht.

Business Canvas	Kurzbeschreibung
Kundensegmente	Alle Kundensegmente, die vom Werteangebot profitieren
Werteangebot	Das Werteangebot und dessen Nutzen aus Sicht des Kunden
Schlüsselaktivitäten	Die wichtigsten Aktivitäten, die innerhalb der Organisation erbracht werden, um das Werteangebot zu erstellen
Schlüsselressourcen	Die wichtigsten Ressourcen, die genutzt werden, um das Werteangebot zu erbringen
Schlüsselpartner	Die wichtigsten Partner, die gebraucht werden, um das Werteangebot zu erbringen
Vertriebskanäle	Alle Kanäle, die genutzt werden, um das Angebot zu vertreiben und zum Kunden zu bringen
Kundenbeziehungen	Alle Aktivitäten, die die Beziehung zum Kunden schaffen oder pflegen
Kostenstruktur	Die wichtigsten Kosten und wie diese entstehen, um das Angebot zu erstellen oder es zu erbringen
Ertragsstruktur	Die Einnahmen und die Arten von Einnahmen, die durch das Angebot erarbeitet werden können

Aus dem Werteangebot (S. 45) und dem Lean Canvas (S. 56) können gewisse Ergebnisse direkt übertragen werden. Weitere Punkte müssen ergänzt werden.

Theoretische Zwischenbemerkung: Fraktale Geschäftsmodelle

Häufig spricht man von einem Geschäftsmodell. Aber dieses Modell kann in einzelne Teile oder Fraktale aufgeteilt werden. Man spricht deshalb auch von fraktalen Geschäftsmodellen[54]. Fraktale können wiederum zu neuen Modellen zusammengefügt werden. Dadurch ergeben sich weitere Möglichkeiten. Werden vor- oder nachgelagerte Aktivitäten eingebaut, wird dies vertikale Integration genannt. Es können aber auch ergänzende Aktivitäten sein, dann spricht man von horizontaler Integration. Teilweise werden wichtige Fraktale oder Aktivitäten auch durch langfristige Partnerschaften oder Netzwerke abgedeckt.

Am besten wird dies anhand eines Beispiels einer Hausarztpraxis erklärt.

Das Geschäftsmodell besteht aus der Diagnostik und Behandlung allgemeiner Krankheiten. Teilweise hat der Hausarzt einen Röntgenapparat und ein einfaches Labor. Röntgen und Labore können wiederum eigene Geschäftsmodelle sein, die für sich bestehen, also Fraktale. Das wären dann z. B. Radiologie- oder Laborinstitute. Weiter kann der Hausarzt eng mit einer Physiotherapeutin zusammenarbeiten, ihr in seiner Praxis Räume vermieten oder gar eine anstellen und seine Patienten behandeln lassen. Eine solche integrierte Vorgehensweise kennt man von medizinischen Zentren (horizontale Integration). Dabei werden mehrere Fraktale zusammengefügt.

Es ist vielleicht eine Überlegung wert, welche Fraktale in Ihrem Geschäftsmodell gefunden werden können und ob durch eine Abspaltung und Spezialisierung oder eine Kombination von mehreren Fraktalen mehr Kundennutzen geschaffen und wirtschaftlicher Erfolg gesichert werden kann.

„Ein Fraktal in Unternehmen stellt eine selbstständig agierende Unternehmenseinheit dar, deren Ziele und Leistung eindeutig beschreibbar und die durch Eigenschaften Selbstorganisation, Selbstähnlichkeit und Dynamik definierbar sind."[55]

c. **Praxis**

Kundensegemente

Welche Kundensegmente bediene ich?

- Geht es eher um den Massen- oder Nischenmarkt? (vgl. Stuck in the middle von Porter S. 74)
- Sind alle meine Kunden gleich oder werden verschiedene Segmente bedient?
- Sind diese Segmente unterschiedlich (diversifiziert) oder ähnlich?
- Bediene ich zwei verschiedene Kundensegmente mit dem gleichen Angebot (Multi-sided Markets). (vgl. Persona S. 36)

Werteangebot

Welche Probleme des Kunden löse ich und welchen Nutzen hat der Kunde? (vgl. Value Map, S. 45)

- Was des Produkts oder der Dienstleistung macht es für den Kunden wertvoll (Product Excellence)?
- Welchen Nutzen hat der Kunde vom Service (Service Excellence)?
- Welche Grundbedürfnisse befriedigt der Kunde oder welche Emotionen erlebt er (Value Excellence)?

Schlüsselaktivitäten

Welche Schlüsselaktivitäten erbringe ich, um das Angebot zu erstellen, zu vertreiben und die Kundenbeziehungen zu pflegen?

- Wie erstelle ich das Angebot? Welchen Teil davon lasse ich durch andere erstellen, welchen Teil mache ich selbst?
- Stelle ich eine Plattform zur Verfügung?
- Geht es um die Produktion eines Angebotes oder die Erbringung einer Dienstleistung?
- Was sind meine wichtigsten Aktivitäten?

Vertriebskanäle

Wie erreiche ich meine Kunden?

- Bediene ich die Kunden über einen direkten Verkaufskanal wie einen eigenen Laden oder über eine eigene Internetseite?
- Nutze ich einen indirekten Kanal wie über einen Grosshändler, über Partnerläden oder über weitere Verkäufer oder Vermittler?

Kundenbeziehungen

Welche Art von Beziehungen ziehen meine Kunden vor?

- Wie gewinne ich Kunden, wie pflege ich sie und wie kann ich den Verkauf steigern?
- Unterstütze ich meine Kunden? Erfolgt diese Unterstützung telefonisch, schriftlich oder persönlich?
- Wie bediene ich meine Kunden? Biete ich Selbstbedienung an?
- Beteilige ich den Kunden an der Entwicklung des Angebotes oder sind sie gar ein Teil davon, wie z. B. Facebook?

Schlüsselressourcen

Welche Schlüsselressourcen nutze ich für unser Werteangebot, dessen Vertrieb und zum Erhalt der Kundenbeziehungen?

- Welche Infrastruktur (Gebäude, Einrichtung, Maschinen) brauche ich?
- Welches Material wird benötigt?
- Welche finanziellen Ressourcen sind notwendig?
- Welche immateriellen Ressourcen wie KnowHow, Marken, Patente, Daten setze ich ein?
- Welche Mitarbeitenden unterstützen das Angebot am besten?

Schlüsselpartner

Welche wichtigen Partner brauche ich, um das Angebot anzubieten?

- Welche strategischen Partnerschaften baue ich auf, um Optimierungen zu erreichen, Risiken zu vermindern oder gewisse Ressourcen zu gewinnen?
- Lohnt es sich, mit einer Organisation nähere Beziehungen einzugehen wie eine Fusion oder Joint Ventures?
- Welche Lieferanten brauche ich (vgl. fünf Treiber Porter, S. 74)?

Kostenstruktur: Mit welchen Kosten muss ich rechnen?

- Welche Arten von Kosten habe ich?
- Wie viel kosten die Ressourcen und die Schlüsselaktivitäten?
- Wie sieht meine Kostenstruktur aus? Werde ich hohe Fixkosten oder variable Kosten haben (vgl. Break Even, S. 155)?
- Können Kosten auf weitere Angebote verteilt werden, z. B. Marketing?
- Kann ich Mengenvorteile (Skaleneffekte) nutzen?

Ertragsstruktur: Wie nehme ich Geld ein?
- Verkaufe ich mein Angebot oder vermiete, verleihe oder lease ich es?
- Bezahlen die Kunden eine Mitglieds- oder Nutzungsgebühr?
- Bezahlen Kunden eine Lizenz, einen Einstiegsbetrag oder eine andere Gebühr?
- Verdiene ich Geld, indem ich Werbefläche für andere biete?
- Wie gestalte ich meine Preise?

Theoretische Zwischenbemerkung: Multi-sided Markets

Zweiseitige Märte (engl. Multi-sided Markets) sind Märkte, die mehrere Nutzergruppen zusammenbringen. Meistens geschieht dies auf einer Plattform. Der Nutzen steigert sich durch das Vorhandensein der anderen Nutzergruppe, es gibt also positive Nutzereffekte. So etwas findet man z. B. bei Personalvermittlungen mit den Fachkräften mit freien Kapazitäten und Unternehmen mit offenen Stellen. Je mehr Fachkräfte durch die Personalvermittlung zur Verfügung stehen, desto spannender wird es für suchende Unternehmen. Je mehr Unternehmen diese Personalvermittlung nutzen, desto mehr Fachkräfte werden angezogen. Dasselbe gilt für Kreditkarten, Werbefläche in Zeitungen, Facebook oder gar Einkaufszentren.

Theoretische Zwischenbemerkung: Skaleneffekt

Der Skaleneffekt (engl. economies of scale) beschreibt den Einfluss auf das Verhältnis der Produktionsmenge zur Menge der genutzten Produktionsfaktoren. Er ist auch als „Größenvorteil" oder „Größenkostenersparnis" bekannt, weil mit der Menge der Aufwand pro Einheit eher sinkt. Man schreibt die Ersparnisse dem Nutzen von Synergien und Lerneffekten zu. Wegen der Lerneffekte rechnet man bei einer Verdoppelung der Aktivtäten mit Einsparungen von 20 – 30%.[56]

d. Beispiel

Aktuelles Geschäftsmodell:

Schlüssel-partner	Schlüssel-aktivitäten	Nutzen-versprechen	Kundenbe-ziehungen	Kundensegmente
Druckerei Später evtl. Verlag	Buch schreiben Buch herstellen **Schlüssel-ressourcen** KnowHow Grafiken	Begleitung zur selbst-ständigen Entwicklung, Umsetzung und Vermarktung der eigenen Geschäftsidee	Unterricht **Vertriebs-kanäle** Unterricht Webseite BENE	Studenten CAS Interessierte Neuunter-nehmer

Kostenstruktur	Ertragsstruktur
Lohn Erstellung Buch Druckkosten	Einnahmen pro Buch

Erkenntnisse:

Meine Geschäftsfraktale:
- Text des Buches
- Grafiken/Design im Buch
- Buch produzieren
- Buch vertreiben

- Klein beginnen und dann ausweiten (Kombination der Fraktale Text, Design und Druck), später spezialisieren
- Der Lohn für die Erstellung des Buches kann erst durch Zusammenarbeit mit einem Verlag erreicht werden. Die variablen Kosten sind gedeckt, falls ich alles selbst drucke. (Druckkosten bei Buchbinderei: ca. CHF 50.- pro Booklet, drucken im Geschäft CHF: 10.- und ca. 10 min Arbeit: Total CHF 20.-): Abgabe der Frak-tale Produktion und Vertrieb und Design des Buches.
- Weitere Einkommensquellen für das erarbeitete Material suchen - digitale Mög-lichkeiten abchecken!

Und wer weiss: Vielleicht war das alles nur der Start und es folgen noch weitere My Books mit neuen Inhalten!

Neue Strategie:

Horizontales Wachstum:

Durch neue Inhalte zu Themen in meinem Unterricht neue My Books erstellen. Die Marke bleibt My Book und zeigt wiederum einen kombinierten Aufbau von Theorie, Praxisbeispielen und leeren Notizseiten.

Ziel ist, die Marke My Book zu stärken.

Technologie:

Digital gesteuerte Hilfsmittel

Schlüssel-partner	Schlüsselakti-vitäten	Nutzenver-sprechen	Kundenbe-ziehungen	Kunden-segmente
Verlag *Program-mierer*	*Inhalte erstel-len von My Book*	*My Books unterstüt-zen Men-schen in der praktischen Umsetzung von Theo-rien, Model-len und Techniken (im Ma-nagement-bereich)*	*Webseite* *Community*	*Manage-ment-interesi-erte*
	Schlüsselres-sourcen		**Vertriebska-näle**	
	KnowHow und Praxis-erfahrung		*Verlag und Bücher-läden* *Internet*	
Kostenstruktur		**Ertragsstruktur**		
Produktion Buch *Betreiben der Webseite und Com-munity* *Produktion Apps*		*Einnahmen pro Buch, eBook* *Gebühren Apps*		

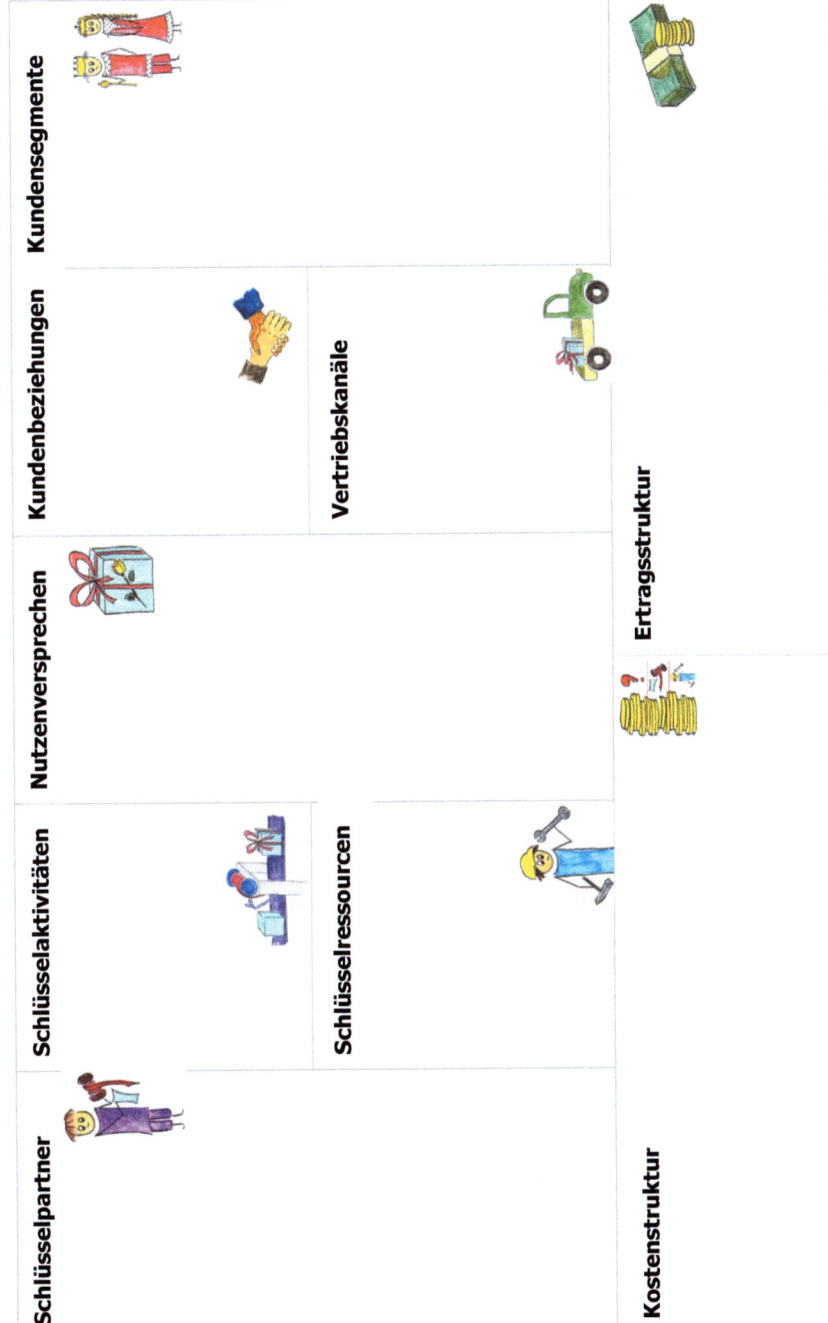

Phase 3 Geschäftsmodell überprüfen

Herzliche Gratulation! Sie haben bereits zwei Phasen durchlaufen und Ihr Geschäftsmodell ist konkret geworden. Bevor Sie mit der Vermarktung beginnen, lohnt es sich Zeit zu investieren, um Ihr Geschäftsmodell auch aus einer betriebswirtschaftlichen Sicht zu überprüfen. Sie werden in dieser Phase die Frage beantworten, ob es sich überhaupt lohnt und ob Sie mit Ihrer Geschäftsidee schwarze Zahlen erreichen können. Das heisst, Sie analysieren die finanzielle Seite. Falls Sie Unstimmigkeiten entdecken, müssen Sie zurück in die Phase eins und zwei und Ihre Geschäftsidee anpassen. Oder Sie fahren weiter und versuchen anhand von Marketing gewisse Kriterien zu beeinflussen und damit Ihr Geschäftsmodell erfolgreich zu machen.

Inhalt Zwischenphase Überprüfung

Phasen	Werkzeuge	Wird genutzt ...
analize	Marktvolumen	.. um abzuschätzen, wie viel Produkte oder Dienstleistungen verkauft werden könnten.
	Break Even	.. um zu wissen, ob man scharze Zahlen schreibt.
	Pay Back	.. um zu berechnen, wie viel Zeit vergeht, bis alle Investitionen abbezahlt sind.
create	Evtl. Wiederholdung der Phase 1 oder Phase 2	
	Projektplan	.. um die nächsten Schritte zu planen und die Machbarkeit zu überprüfen.
deliver	Business Plan	.. um Investoren oder Partnern Ihre Geschäftsidee schmackhaft zu machen.
	Elevator Speech	.. um jemanden innerhalb kurzer Zeit von Ihrer Geschäftsidee zu überzeugen.

Kurztest für Ihr Geschäftsmodell

Sie können Ihr Geschäftsmodell bereits jetzt selbst testen, indem Sie folgende Fragen stellen[57]. Wenn Sie sie mit JA beantworten können, sind Sie auf gutem Weg. Wenn nicht, haben Sie eine Lücke entdeckt. In diesem Stadium sind Lücken sehr wertvoll. Sie verhindern spätere Fehlschläge.

	Treffen diese Aussagen auf Sie zu?	**JA**	**NEIN**
	Meine Geschäftsidee		
1	... ist präzise und genau.	☐	☐
2	... ist einfach, aber nicht zu stark vereinfachend.	☐	☐
3	... fokussiert sich auf den Kunden, dessen Aufgaben und Nutzen.	☐	☐
4	... ist auf die relevanten Punkte konzentriert.	☐	☐
5	... beinhaltet wichtige Wettbewerbsvorteile.	☐	☐
6	... differenziert sich deutlich von bestehenden Lösungen.	☐	☐
7	... erfindet jedoch nicht die Welt vollkommen neu.	☐	☐
8	... ist in dieser Phase eher eng auf ein Kundensegment und einen klaren Nutzen ausgerichtet.	☐	☐
9	... basiert auf meinen/unseren Kompetenzen.	☐	☐
10	... freue mich und ich brenne darauf, sie umzusetzen.	☐	☐

Schaffen Sie es, sich nicht einfach nur interessant zu machen mit Ihrer Idee, sondern unentbehrlich zu werden. Das garantiert Ihnen Erfolg!

19. Marktnachfrage

a. Weshalb?

Beni: Nina, wissen wir überhaupt, wie viele Dingsbums wir verkaufen könnten. Kann Dingsbums überhaupt erfolgreich werden?

Nina: Das sollten wir uns gut überlegen, sonst fehlen uns wichtige Grundlagen zur Berechnung des zukünftigen Umsatzes. Falls wir jemanden von unserer Idee überzeugen möchten, müssen wir doch das Potenzial aufzeigen. Sonst werden wir nie Investoren finden.

Beni: Dann machen wir das, sonst stehe ich wieder als Chaot und Träumer da! Lieber möchte ich abschätzen, was uns erwartet und ob wir überhaupt mit Dingsbums starten sollen.

Nina: Du hast Recht, wir machen einen kleinen gedanklichen Zwischentest. Als erstes schätzen wir ab, wie viele Dingsbums-Kunden wir erwarten.

Beni: Du hast sicher wieder einen Namen für dieses Vorgehen.

Nina: Nein, leider nicht. Aber wir werden das Marktpotenzial, -volumen und den Marktanteil abschätzen.

Beni: Ok! Und nachher haben wir alle Grundlagen, um zu entscheiden, ob wir mit Dingsbums starten oder nicht starten?

Nina: Nein, dann müssen wir erst die finanziellen Aspekte miteinbeziehen.

Beni: Gut, wir haben eine grobe Angabe, wie viele Dingsbumse wir absetzen könnten.

Nina: Genau! Nun werden wir noch berechnen, ob wir schwarze Zahlen erreichen und in wie vielen Jahren wir unsere Investitionen abbezahlt haben.

Beni: Du meinst, dass wir möglicherweise gar nie Geld verdienen mit Dingsbums?

Nina: Ja, deshalb berechnet man den Break-Even und den Pay Back. So kann man grob überschlagen, ob es sich lohnt. Als Grundlage nimmt man die Kosten, den Preis der bezahlt wird und die Anzahl Dingsbums, die verkauft werden pro Jahr.

b. Theorie

Um zukünftige Entwicklungen abzuschätzen ist es vorteilhaft, sich Gedanken zu Marktpotenzial, -volumen und -anteil zu machen. Dabei wird unterschieden zwischen dem Potenzial der effektiven Nachfrage und dem Marktanteil, der durch das Unternehmen erreicht werden kann[58].

Marktpotenzial Das Marktpotenzial ist fiktiv und nicht berechenbar. Das bedeutet, dass auch die davon abgeleiteten Zahlen Schätzungen sind.

Das Marktpotenzial ist die potentielle Aufnahmefähigkeit eines Marktes für ein bestimmtes Produkt oder eine Dienstleistung. Es bezeichnet den maximalen Umsatz, der bei optimalen Marketinganstrengungen für alle Anbieter erreicht werden kann.

Das Marktpotenzial bezieht sich immer auf ein geografisches Gebiet und wird pro Zeitperiode definiert.

Das Marktpotenzial wird vorwiegend von gesamtwirtschaftlichen Faktoren beeinflusst, z. B. von der Kaufkraft der Kunden.

Marktvolumen Das Marktvolumen wird teils auch Marktnachfrage genannt.

Es beinhaltet die wirkliche und nicht die mögliche Nachfrage im gleichen Gebiet und Zeitraum wie das Marktpotenzial. Das Marktvolumen ist immer kleiner als das Marktpotenzial.

Das Marktvolumen steht hauptsächlich mit den Marketinganstrengungen der Branche in Beziehung.

Marktanteil Der Marktanteil ist der Umsatz-Anteil des eigenen Unternehmens am Marktvolumen.

Der Rest wird durch die Konkurrenz abgedeckt. Bei einer Monopolstellung im optimal bearbeiteten Markt entspricht der Marktanteil dem Marktvolumen.

Der Marktanteil ist abhängig von der Intensität und Wirksamkeit der Marketinganstrengungen eines Unternehmens.

c. Praxis

Das gesamte Absatzvolumen von xy wird folgendermassen berechnet:

Absatzvolumen = Marktpotenzial x Marktvolumen x Marktanteil

Da das Marktpotenzial fiktiv ist, wird es mit 1 oder 100 % gekennzeichnet.

Es gibt zwei Varianten, die oben beschriebenen Anteile zu berechnen[59].

Das TopDown Verfahren wird bei vielen Unbekannten genutzt. Am besten nehmen Sie als Angabe für das Marktpotenzial eine Anzahl und danach Prozente als Grundlage zur Berechnung.

		Berechnung	Beispiel	z. B.
Markt-potenzial		Gesamtbevölkerung der bearbeiteten Region	Wie viele Personen wohnen in diesem Gebiet?	10'000 Personen
Markt-volumen	x	Ausgaben der Bevölkerung für xy oder Anteil der Bevölkerung welche xy nutzt	Wie viele Personen der Gesamtbevölkerung nutzen oder könnten ein Produkt oder eine Dienstleistung der Art xy nutzen?	0.5 (50 %)
Markt-anteil	x	Konsum der Bevölkerung von xy oder Anteil der xy nutzt	Wie gross ist der eigene Anteil an Kunden?	0.1 (10 %)
	=	Absatzvolumen für xy oder Marktanteil	Marktanteil	500 Kunden

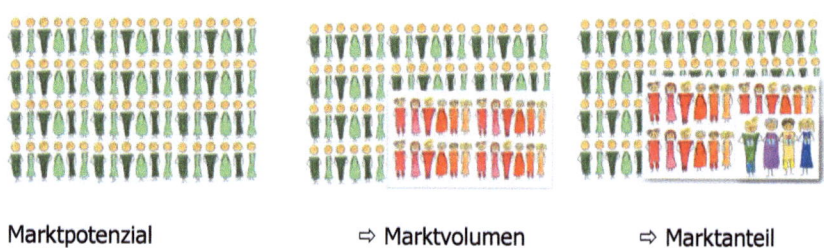

Marktpotenzial ⇨ Marktvolumen ⇨ Marktanteil

Die zweite Variante ist, dass man annimmt, die Anzahl der zu verkaufenden Güter könne bereits abgeschätzt werden. Ich empfehle, mit der TopDown Variante nochmals zu prüfen, ob diese Annahme überhaupt realistisch ist. Wenn der Marktanteil dem Marktpotenzial entspricht, war die Einschätzung wohl zu optimistisch.

d. Beispiel

Eigenproduktion, Vertrieb nur über ZHAW:

		Annahme	Berechnung
Markt-potenzial		Studenten CAS Geschäftsführung / Jahr	15
Markt-volumen	x	Studenten, welche Bücher kaufen	80 %
Marktanteil	x	Studenten, welche My Book kaufen	90 %
	=		10.8

Zusammenarbeit mit Verlag:

Statistik des deutschen Buchhandels, veröffentlicht an der Frankfurter Messe[60]: Rund 20 % der Bundesbürger lesen Bücher. 60 % davon kaufen pro Jahr mind. ein Buch, 25 % fünf oder mehr Bücher. 14 % der verkauften Bücher sind Ratgeberbücher und rund 10 % machen die Sachbücher aus.

		Annahme	Berechnung
Markt-potenzial		Fachbücherkäufer im deutschsprachigen Raum pro Jahr	250'000
Markt-volumen	x	Fachbücherkauf zu ähnlichem Thema	10 %/25'000
Marktanteil	x	Menschen, die das My Book kaufen	0.5 %/125
	=		125

Erkenntnisse:

- Ich kann den Marktanteil nur erhöhen durch Marketing und starke Partner schaffen. Sonst wird es ein Nullsummenspiel.

20. Break-Even Point (BEP)

a. Theorie

Der Break-Even Point wird auch Gewinn- oder Nutzenschwelle genannt. Der Break-Even wird immer anhand einer Anzahl angegeben. Das heisst, die Anzahl Dienstleistungen oder Produkte, welche verkauft werden müssen, bis Gewinn erwirtschaftet werden kann. Der Break-Even ist also der Punkt, an dem der Deckungsbeitrag (DB) der verkauften Dienstleistungen oder Produkte die Fixkosten deckt. Beim Break-Even selbst ist der Gewinn oder auch der Verlust Null.

Um den Break-Even Point zu berechnen, muss man den Unterschied zwischen Fixkosten und variablen Kosten kennen, sowie den Begriff Deckungsbeitrag.

Fixkosten Fixkosten sind mengenunabhängige Kosten. Sie müssen auch bezahlt werden, wenn keine Dienstleistung erbracht oder kein Produkt produziert wird.

Beispiel: Monatsmiete, dieser Betrag muss auch bezahlt werden, wenn der Raum nicht benutzt wird.

Variable Kosten Die variablen Kosten sind mengenabhängig oder veränderlich. Das heisst, je mehr Leistungen erbracht werden, desto höher werden die Kosten. Die variablen Kosten steigen proportional zur Menge.

Beispiel: Material, um etwas zu produzieren. Je mehr produziert wird, desto mehr Material muss gekauft werden.

Deckungsbeitrag Der DB pro Stück des verkauften Produkts oder pro Dienstleistung berechnet sich aus dem Unterschied zwischen den variablen Kosten und dem erzielten Preis. Der DB wird genutzt, um die Fixkosten zu begleichen.

Die Formel zur Berechnung des Break-Even erfolgt in zwei Schritten:

1) Berechnung des Deckungsbeitrages: DB = Preis – variable Kosten
2) Berechnung des Break-Even Points : BEP = Fixkosten / DB

Theoretische Zwischenbemerkung: Fix- oder variable Kosten?

Durch das Verändern von Fixkosten zu variablen Kosten oder umgekehrt kann die Kostenstruktur und somit auch das Geschäftsmodell verändert werden.

Häufig versucht man hohe Fixkosten zu vermeiden, um flexibler und unabhängiger zu sein. Dabei muss darauf geachtet werden, dass die Summe der variablen Kosten nicht die ursprünglichen Fixkosten übersteigt und somit vermehrt Kosten verursacht.

Beispiele zur Erklärung:

- Man kauft kein Auto, welches Fixkosten durch Haftpflichtversicherung und Verkehrsabgaben verursacht, sondern man mietet eines über Mobility.
- Personal wird nicht im Monatslohn, sondern nur im Stundenlohn angestellt und arbeitet auf Abruf.
- Es werden keine Büroräume gemietet, sondern man schliesst sich einer Gemeinschaft an und bezahlt nur die effektiven Tage im Büro.

b. Praxis

Zu beantwortende Fragen

- Welches sind meine variablen Kosten?
- Welches sind meine Fixkosten?
- Mit welchem Preis pro Dienstleistung oder Produkt plane ich?
- Welches ist mein Deckungsbeitrag pro Stück?
- Wie viele Stücke muss ich produzieren oder wie viele Dienstleistungen erbringen, damit die Fixkosten gedeckt sind?

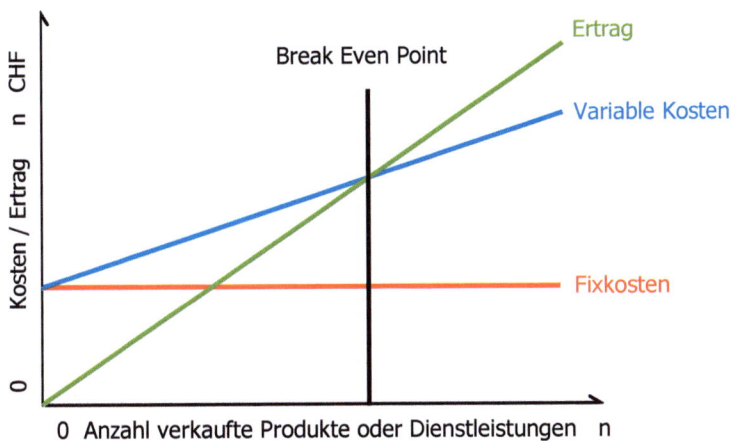

Abb: Break-Even Point

Beispiele variable Kosten	Beispiele Fixkosten
– Verbrauchsmaterial – Personal im Stundenlohn – Spesen	– Miete oder Leasing – Festangestelltes Personal – Marketing – Versicherungen – Abschreibungen – Vorhalteleistungen (z. B. Notfalldienst)

c. Beispiel

variable Kosten	Fixkosten
Papier CHF 0,01 pro Seite	Anteil an Computer 200.-
Druckkosten CHF 0.04	Marketingmassnahmen 0.-
Zeitaufwand Binden 10 min / my Book à CHF 10.0	Abschreibung Investition Zeit Erstellung Buch 500.-
Total: CHF 18.50	Total: CHF 700.-

Berechnung DB = Preis – variable Kosten

CHF 35.00 – CHF 18.50 = 16.50

Break Even = Fixkosten / DB

CHF 700.- / CHF 16.50 = 42.4

Ich muss 43 My Books pro Jahr verkaufen, um Gewinn zu erwirtschaften.

Erkenntnisse:

- My Book funktioniert nur wegen der tiefen Fixkosten.
- Trotz Eigenproduktion hohe Kosten
- Wie komme ich auf mind. 43 verkaufte My Books pro Jahr?

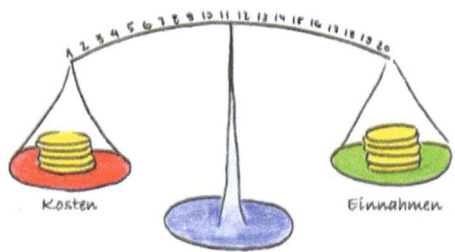

Mein Break Even

variable Kosten / Stück	Fixkosten / Jahr
Total	Total

Preis / Stück:

Berechnung DB = Preis – variable Kosten

Break Even = Fixkosten / DB

Mein Break Even liegt bei ………… Stück!

21. Pay Back

a. Theorie

Mit dem Pay Back wird berechnet, wie lange es dauert, bis eine Investition durch die Nettoeinnahmen neutralisiert ist. Der Pay Back wird im Gegensatz zum Break-Even Point immer anhand einer Dauer angegeben.

Um den Pay Back zu berechnen, müssen die Anfangsinvestitionen und die Nettoeinnamen bekannt sein. Dabei ist zu beachten, dass sich die Nettoeinnahmen pro definierte Dauer (Monat oder Jahr) verändern können. Es ist z. B. typisch, dass mit neuen Geschäftsmodellen zu Beginn weniger erwirtschaftet werden kann und der Umsatz später steigt.

Investition   Mit Investitionen werden die Kosten für eine grosse Anschaffung wie Geräte, Fahrzeuge oder Gebäude beschrieben oder die Entwicklung eines Produktes oder einer Dienstleistung. Auch die Gründungskosten eines Geschäftes zählen dazu. Es können mehrere Investitionen getätigt werden, die man zusammenzählt.

Nettoeinnahmen   Die Nettoeinnahmen ergeben sich durch den Umsatz (Preis multipliziert mit der Anzahl) minus die Kosten (Fixkosten plus variable Kosten) während eines Jahres.

Die Formel zur Berechnung des Pay Back erfolgt in drei Schritten:

1) Berechnung der Gesamtsumme der Investitionen (I): $I_1 + I_2 + I_3 + \ldots + I_n$
2) Berechnung der durchschnittlichen Nettoeinnahmen (NE):
   (NE Jahr 1 + NE Jahr 2 + Jahr 3……..+ Jahr n) / n
3) Berechnung Pay Back (PB):
   PB = Gesamtsumme Investitionen / durchschnittliche Nettoeinnahmen

b. Praxis

Zu beantwortende Fragen:
- Welches sind meine Investitionen?
- Wie viele Dienstleistungen oder Produkte werde ich pro Jahr verkaufen?
- Mit welchem Preis pro Dienstleistung oder Produkt plane ich?
- Welche Nettoeinnahmen kann ich pro Jahr erzielen?
- Wie viele Jahre muss ich arbeiten, bis die Investitionen abbezahlt sind?

Berechnung:

Jahr	Anzahl	DB	Netto-Ein-nahmen	Investition (Jahr 0) und Fixkosten	Kumulierte Summe
Jahr 0				10'000.-	-10'000.-
Jahr 1	250	10.-	2'500.-	100.-	-7'600.-
Jahr 2	350	10.-	3'500.-	100.-	-4'200.-
Jahr 3	500	10.-	5'000.-	100.-	+700.-
Jahr 4	600	10.-	6'000.-	100.-	+5'400.-

Achtung: Es wird zur Berechnung nur der Durchschnitt der Nettoeinnahmen bis und mit dem Jahr, in welchem der Pay Back stattfindet genommen, also das Jahr mit der ersten positiven kumulierten Summe. Sonst gibt es bei starken Schwankungen nach dem Pay Back eine Verfälschung der Aussage. Im obigen Beispiel nur bis und mit Jahr 3. Vergessen Sie nicht Folgeinvestitionen in den folgenden Jahren aufzuzeigen.

10'300.- / ((2500.- + 3500.- + 5000.-) / 3) = 2.81 Jahre

Würde man vier Jahre in der Formel miteinbeziehen, ergibt es:

10'400 / ((2500.- + 3500.- + 5000.- + 6'000.-) / 4) = 2.44 Jahre

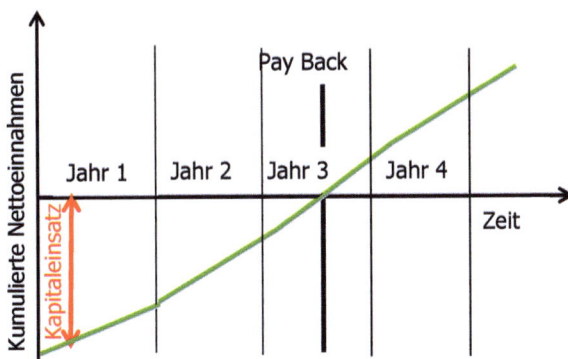

Abb: Pay Back

c. Beispiel

Als Investition muss ich nur den Zeitaufwand zur Erstellung von My Book rechnen. Dies beinhaltet unzählige Stunden. Ich werde einfach Fr. 2'000.- einsetzen. Dieser Betrag macht auch bereits den grössten Teil meiner Fixkosten aus (Abschreibung der Erstellungskosten). Ich ergänze deshalb nur noch die Fr. 200.-/Jahr für den Computergebrauch.

Jahr	Anzahl	DB	Netto-Einnahmen	Investition	Kumulierte Summe
Jahr 0				2'000.-	-2'000.-
Jahr 1	15	16.50	247.5	200.-	-1952.5
Jahr 2	30	16.50	495.0	200.-	-1457.5
Jahr 3	50	16.50	825.0	200.-	-632.5
Jahr 4	50	16.50	825.0	200.-	+192.5
Jahr 5	50	16.50	825.0	200.-	+1017.5

Pay Back = 2800.- / (247.5+495.0+825.0+825.0)/4 = 2000.- / 598.12 = 4.68 Jahre

Erkenntnisse:

- Es lohnt sich finanziell nicht, auch nicht bei Eigenproduktion!
- Unklar, wie ich 100 My Book absetzen kann. Nehmen Buchhändler My Book ohne Verlag im Hintergrund?
- Aber es würde gehen und auch wenn es nicht klappt, kann ich es verkraften! ⇨ Ich kann nur gewinnen!
- Achtung! Selbst vertreiben bedeutet auch Marketingkosten und Zeitaufwand! Dann müssen die Berechnungen neu gemacht werden!

22. Von der Strategie zur Praxis: Der Projektplan

a. Weshalb?

Beni: Endlich haben wir alles! Wir wissen, dass Dingsbums erfolgreich sein wird.

Nina: Ja und nun fehlen uns nur noch wenige Schritte. Wir sind sicher, dass wir in fünf Jahren schwarze Zahlen schreiben und Dingsbums erfolgreich sein wird. Aber wir haben noch nicht überlegt, welches die nächsten Massnahmen sind. Die Kunden fliegen uns nicht einfach zu, wir müssen etwas dafür tun.

Beni: Das stimmt, wir können ja nicht in eine Zeitmaschine sitzen, einfach losfliegen, in fünf Jahren ankommen und erfolgreich sein. Nina, es bleibt uns nichts anderes übrig, als die Ärmel hochzukrempeln und die nächsten konkreten Aktivitäten zu planen.

Nina: Genau, an die Arbeit! Wir müssen von der Strategie operative Schritte ableiten. Als Letztes schreiben wir einen Businessplan. Wenn wir diesen jemandem vorstellen, macht es sich gut, wenn wir auch gleich den Weg bis zu unserem Erfolg vorstellen und plausibel begründen. Ich nehme nochmals gewisse Prinzipien von Effectuation auf. Erinnerst Du Dich an das zweite Kapitel in der Phase eins?

Beni: Ja sicher, obwohl es bereits lange her ist. Wir haben damals die Mittelorientierung genutzt. Welche Prinzipien werden wir nun nutzen, um unsere Zukunft zu gestalten?

Nina: Wir werden Piloten, nähen einen Quilt, geniessen Limonade und schätzen ab, was wir verlieren können.

Beni: Du sprichst in Rätseln!

b. Theorie

Sie haben bereits die Mittelorientierung genutzt, um zu starten. Nun werden die vier restlichen Prinzipien von Effectuation nochmals aufgenommen und ein grober Zeitplan erstellt. Durch diese Zwischenschritte umschiffen Sie Klippen, die Sie zum Scheitern bringen (vgl. S. 14)

Prinzip der Partnerschaft (Crazy Quilt):
Gestalten Sie ein Netzwerk aus selbst gewählten Anspruchsgruppen und Partnern. Planen Sie genügend früh, wen Sie als Partner mit an Bord holen. Achten Sie dabei nicht nur darauf, welche Fähigkeiten Sie brauchen, sondern auch, ob es auf der Beziehungsebene passt. Vergessen Sie nicht, dass Sie in Kapitel zwei im Zuge der Mittelorientierung vielleicht bereits erste Ideen dazu hatten. Beachten Sie zudem, dass zukünftige Kunden wertvolle Partner sein können. Aber diese müssen Sie erst gewinnen.

Prinzip des leistbaren Verlusts (Affordable Loss):
Investieren Sie nur, was Sie vermögen zu verlieren. Gehen Sie dadurch ein kalkulierbares Risiko ein. Dies gilt vor allem für Ihre Finanzen, aber Sie können es auch auf Freundschaften oder Beziehungen übertragen. Wagen Sie grosse Schritte, passen Sie diese jedoch Ihrer Grösse an.

Prinzip der Umstände und Zufälle (Lemonade):
Seien Sie offen für Überraschungen. Nutzen Sie diese als sinnvolle Inputs, anstatt sie zu verdrängen. Auch Dinge, die nicht klappen, beinhalten wertvolle Informationen. Sie wissen dann, was nicht funktioniert. Planen Sie also immer wieder Reflexionsphasen ein, um Überraschungen zu verdauen und daraus zu lernen.

Prinzip der Zukunftsorientierung (Pilot in the plane):
Gestalten Sie Ihre Zukunft mit Dingen, die Sie beeinflussen oder kontrollieren können. Dazu nutzen Sie zum Beispiel die Zusammenarbeit mit den selbst gewählten Partnern.
Beginnen Sie so früh wie möglich. Vergeuden Sie keine Wochen oder Monate mit Detailplanung, sondern machen Sie erste Schritte und lernen Sie anhand der Erfolge oder Misserfolge. Diese Vorgehensweise wird stark im Design Thinking und im agilen Projektmanagement zelebriert. Verlieren Sie jedoch nie die wichtigsten Punkte des Scheiterns aus den Augen (vgl. S. 14).

Dennoch müssen Sie einen groben Zeitplan erstellen. Als Pilot kennen Sie das Ziel. Planen Sie nun Ihre Reise bis zum ersten Zwischenstopp. Berechnen Sie, wie schnell Sie fliegen müssen und wieviel Kerosin Sie brauchen. Stellen Sie die Crew zusammen, denn Sie schaffen den Langstreckenflug nicht allein. Sie rechnen nun also anhand Ihrer gewünschten Destination rückwärts und stellen dadurch sicher, dass Sie nicht notlanden müssen oder gar abstürzen.

c. Praxis

In den Breakeven und PayBack Berechnungen haben Sie bereits Zahlen genutzt. Diese werden Sie nun wieder aufnehmen. Beginnen Sie mit dem ersten Jahr. Nehmen Sie ihre Annahme:

Will ich Ende Jahr mit einem xy Umsatz erreichen, muss ich xy Dingsbums herstellen und verkaufen. Dazu brauche ich?

Partner
- Wen brauche ich? Welche Kontakte aus meinem Netzwerk können mir helfen, welches Wissen kann jemand beitragen? Welche Fähigkeiten fehlen mir? Wer hat genügend finanzielle Ressourcen, um mich zu unterstützen?
- Welcher Partner könnte mein Produkt vertreiben oder anpreisen?
- Wie gewinne ich diese Partner?
- Was kostet es mich an Zeit, Geld oder Überzeugung?
- Welche Mitarbeitenden brauche ich?
- Wo und wie finde ich die richtigen Mitarbeitenden?
- Mit welchen Lohnkosten muss ich rechnen?

Kunden
- Welchen Kundengruppen verkaufe ich mein Produkt?
- Was muss ich tun, um sie zu erreichen und zu überzeugen?
- Was muss ich investieren, z. B. in Werbung oder Akquisition?
- Wie lange dauert es bei diesem Kundensegment bis zum Kaufentscheid?

Infrastruktur, Material
- Welche Infrastruktur brauche ich, um meine Produkte herzustellen oder meine Dienstleistungen zu erbringen?
- Mit welchen Aufgaben muss ich dafür rechnen?
- Welches Material benötige ich?
- Wo kann ich es beziehen und mit welchen Kosten muss ich rechnen?

Finanzen
- Was kostet mich das an Material, Marketing, Akquisition, Produktion usw.?
- Welche Beträge muss ich wann zahlen?
- Ab wann kann ich mit den ersten Einnahmen rechnen?
- Wie kann ich die Liquidität sicherstellen? Wie lange reichen meine Reserven?
- Wann muss ich wie viel Geld beschaffen?
- Wann oder bei welchen Ergebnissen sage ich STOPP, damit ich nicht in den finanziellen Ruin gerate?

Vergessen Sie nicht die Finanzen nochmals zu überprüfen und bei Bedarf im Break Even und vor allem im Pay Back anzupassen. Gleichen Sie die Ausgaben und Einnahmen miteinander ab und erkennen Sie Liquiditätslücken.

Schnüren Sie als nächstes die wichtigsten Arbeitspakete anhand der oben aufgeführten Fragen und führen Sie diese in der richtigen zeitlichen Reihenfolge auf. Vergessen Sie nicht, pro Arbeitspaket Zeitaufwand und Verantwortlichkeit festzulegen. Planen Sie nicht jedes Detail, sondern zeigen Sie nur einen groben Ablauf auf. Es wird sich sowieso vieles noch ändern. Am besten nutzen Sie PostIts; diese können Sie gut umkleben und umhängen. Nutzen Sie drei Spalten, so haben Sie die Übersicht, was noch zu tun ist und was bereits erledigt wurde. Vergessen Sie auch nicht, das Beschaffen allfälliger Finanzen als Arbeitspaket aufzunehmen.

d. Beispiel

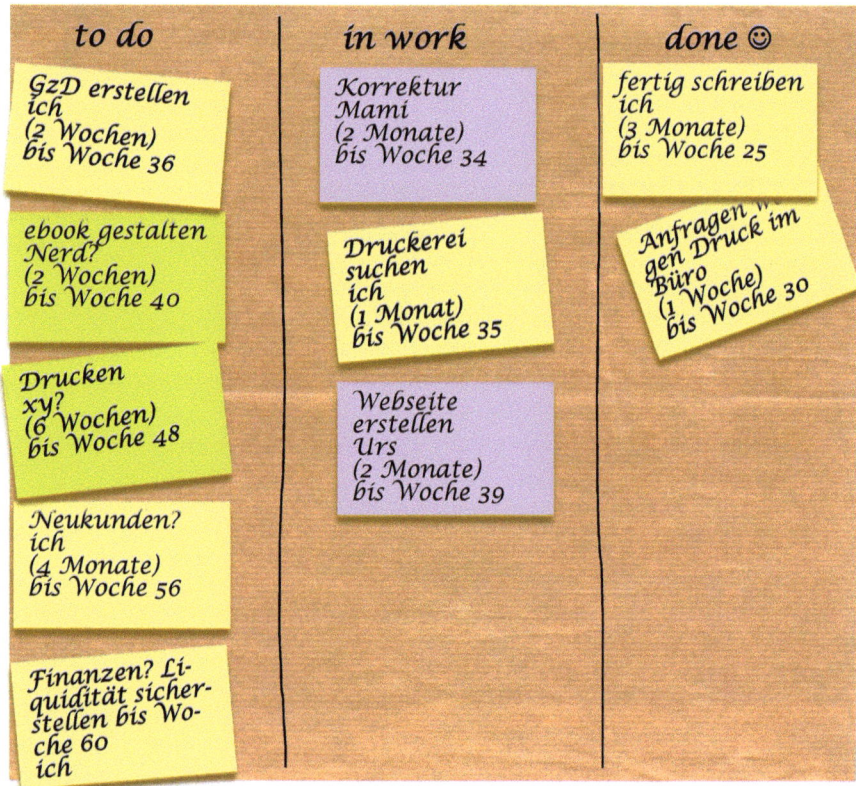

Erkenntnisse:

- Nerd suchen, um ebook herzustellen
- Keine Liquiditätslücken im ersten Jahr
- Urs anfragen wegen Erstellen der Webseite

23. Elevator Pitch und Businessplan

a. Weshalb?

Beni: Bin ich froh! Die Überprüfung von Dingsbums hat ergeben, dass wir eine Chance haben.

Nina: Ja ich auch! Da steht Susanne mit Ihrem My Book deutlich schlechter da. Aber wir müssen uns dennoch bewusst sein, dass es immer noch nur Annahmen sind. Jetzt gilt es zu beweisen, dass wir richtig liegen.

Beni: Ja, das ist klar! Legen wir sofort los! Ein kleines Problem haben wir noch: Wir brauchen etwas Startkapital und vielleicht auch einen guten Partner.

Nina: Ja das liebe Geld. Wenn wir zu einer Bank oder zu einem Investor gehen, werden Sie einen Businessplan verlangen.

Beni: Businessplan? Das tönt wieder nach Papierarbeit! Haben wir davon nicht schon genug?

Nina: Doch und deshalb wird das auch keine grosse Sache. Wir haben so gute Vorarbeit geleistet, dass wir nur noch alles in einem Dokument zusammenfassen müssen und schon steht unser Businessplan.

Beni: Liebe Nina, das ist deine Sache. Du bist gut darin. Ich rufe lieber ein paar Freunde an und überzeuge sie, damit sie investieren oder uns mit ihrem Wissen unterstützen.

Nina: Das ist ein fairer Deal! Überlege dir aber im Voraus, wie du deinen Freunden Dingsbums erklärst. Kannst du dich noch erinnern, wie wir Aron und Nora von Dingsbums erzählt haben? Nun hast du noch mehr Infos. Trotzdem musst du kurz und knackig in den Ausführungen sein. Weisst du, wie das in der Businesssprache heisst? Elevator Pitch!

Beni: Seltsames Wort!

Nina: Ja, halt Neuenglisch. Noch etwas! Kommst du mit, wenn wir bei einer Bank einen Termin erhalten? Zusammen sind wir überzeugender. Wir sind das rechte und das linke Hirn von Dingsbums!

b. Theorie

Der Elevator Speech (oder Elevator Pitch) hat seinen Namen von folgendem Kerngedanken: Sie steigen mit einer wichtigen Person in einen Lift. Genau dieser Person möchten Sie Ihre Idee oder Ihren Vorschlag erklären, haben aber nur Zeit zwischen den zu fahrenden Stockwerken. Das heisst, es stehen Ihnen 30 Sekunden bis maximal 2 Minuten zur Verfügung, dann steigt die Person aus und geht. In dieser kurzen Zeit müssen Sie alle wichtigen Punkte aufführen. Sie möchten das Interesse der Person wecken und erste Überzeugungsarbeit leisten.

Elevator Speeches können Sie benutzen, um zu überzeugen, Feedback einzuholen, Unterstützung zu bekommen oder einfach über ihre Idee zu sprechen. Ein guter Pitch hängt von Ihrer Gesprächsperson ab. Verstehen Sie als Erstes, was Ihrem Gegenüber wichtig ist. Je nach Ziel betonen Sie andere Details. So interessiert sich der zukünftige Kunde hauptsächlich für den Nutzen und für die Leistung, die er erwerben oder erhalten kann. Potentielle Partner haben vielleicht mehr Fragen zur Umsetzbarkeit und zur Erstellung der Leistung. Investoren interessieren sich für die Rendite.

In der ersten Phase diente uns eine Art des Elevator Pitch, um Feedback bei Nora und Aron einzuholen. Sie haben Ihr Produkt oder Ihre Dienstleistung getestet, indem Sie anderen Menschen davon erzählten und deren Reaktionen aufnahmen.

Der Businessplan ist nichts anderes als ein schriftlicher Elevator Pitch. Er beinhaltet alles was nötig ist, um zukünftigen Investoren oder allfälligen Geschäftspartnern klar zu machen, um was es bei Ihrer Geschäftsidee geht. Der Businessplan zeigt auf, welches Produkt oder welche Dienstleistungen Sie für welche Kunden erstellen, welche Ressourcen Sie dazu benötigen und welche Ergebnisse Sie erwarten.

Ihre Aufgabe ist also, als Grundlage für den Elevator Pitch in einem Dokument oder in Stichworten alle Ihre Überlegungen zum gesamten My Book zusammenzufassen. Nutzen Sie dazu auch Ihre Notizen zu der Value Proposition (S. 45), zu Lean Canvas (S. 58) und zum Business Canvas (S. 139). Vielleicht ergänzen Sie dies mit dem letzten Prototyp oder dessen Foto.

Theoretische Zwischenbemerkung: Businessplan

Gewisse Investoren haben standardisierte Vorlagen für einen Businessplan. In diesem My Book zeige ich Ihnen einen möglichen Aufbau. Vielleicht ist auch eine kleine Präsentation möglich. Dann können Sie Ihre Folien anhand der vorgeschlagenen Kapitel aufbauen. Das Schwierigste wird sein, die Zusammenfassung oder das Management Summary zu schreiben. Dies tun Sie zuletzt, obwohl das Management Summary Ihr erstes Kapitel sein wird. Hier ist es wichtig, alles auf den Punkt zu bringen und gleichzeitig eine gewisse Neugier zu wecken. Allgemein gilt für den gesamten Businessplan: Halten Sie sich kurz! Falls es Lücken gibt, kann das Gegenüber immer noch nachfragen.

Ich stelle Ihnen einen sehr umfassenden Aufbau vor. Mit dem Business Canvas verfügen Sie bereits über eine Kurzfassung.

1. Management Summary
- Geschäftsidee mit dem wichtigsten Kundensegment Umsatz und Gewinnaussichten
- Finanzbedarf mit den jeweiligen Fristen (Investitionen)

2. Unternehmen
- geschichtlicher Hintergrund
- grösste bisherige Erfolge
- Rechtsform
- Aufbauorganisation und Anzahl Mitarbeitende
- wichtigste Personen

Falls Sie noch kein Unternehmen haben, lohnt es sich, etwas über die relevanten Personen der Geschäftsidee zu sagen und so Vertrauen aufzubauen.

3. Produkt/Dienstleistung
- Beschreibung und Nutzen des Produktes oder der Dienstleistung (Kernprodukt/Dienstleistung und entsprechende Eigenschaften, Serviceleistungen)
- Preispolitik, Rabatte (fliesst ins Kapitel Finanzen ein)
- Vergleich mit Konkurrenz- oder Substitutionsleistungen
- allfälliger Produkteschutz wie Patente, Lizenzen, Marken- oder Namensschutz

4. Vertrieb
- Direkter oder indirekter Vertrieb
- Standorte
- Distributionskanäle

5. Kunden und Marktpotenzial
- Kundensegmente oder deren Marktpotenzial
- Vertriebskanäle und allfällige Vermittler

6. Markt und Branche

- Marktanalyse mit Marktvolumen, Marktpotenzial und eigene geschätzte Marktanteile
- Lieferanten oder Partner des eigenen Unternehmens
- Markttrends
- allfällige Eintrittsbarrieren

7. Konkurrenz

- wichtigste bestehende und potentielle Konkurrenten
- deren Produkte/Dienstleistungen und Zielmärkte
- deren Stärken und Schwächen
- Marktanteile

8. Strategie

- Strategie
- Positionierung im Markt

9. Risiken

- interne Risiken wie Management, Personal, Produktion, Finanzen
- externe Risiken wie Umfeldeinflüsse, Konkurrenz
- allfällige Massnahmen und Absicherungen

10. Finanzen

- Umsatzziel
- Break Even und Pay Back
- geplante Investitionen
- benötigtes Finanzvolumen
- Absicherungen

Theoretische Zwischenbemerkung: Finanzierungsmöglichkeiten

Denken Sie daran, dass Sie nicht nur durch Banken oder Finanzinstitute zu Geld kommen.

Freunde und Familie

Vielleicht haben Sie im zweiten Kapitel in der Mittelorientierung von Effectuation eine mögliche Geldquelle innerhalb der Familie oder bei Freunden gefunden. Sie müssen sich jedoch immer bewusst sein, dass persönliche Freundschaften etwas ganz anderes sind als geschäftliche Beziehungen.

Business Angels

Business Angels sind nicht nur finanziell orientierte Investoren. Sie beteiligen sich sowohl finanziell, typischerweise in einer sehr frühen Phase, als auch mit KnowHow oder nützlichen Kontakten.

Stiftungen oder staatliche Hilfe

Tasten Sie das Umfeld ab und überprüfen Sie, ob Sie in einer Branche starten, die das Interesse von Institutionen weckt.

Sie können aber auch neuere Wege suchen. Vor allem die digitale Transformation hat moderne Formen der Finanzierung hervorgebracht.

Crowdfounding

Kommerzielle oder früher hautsächlich kulturelle und soziale Projekte werden über das Internet finanziert. Die Kapitalgeber und Kapitalsuchenden können in Kontakt treten. Ein erster Austausch findet statt. Dadurch gewinnt man nicht nur Kapital, sondern auch wertvolle Feedbacks.

Crowddonating

Spendende unterstützen ein Projekt mit unterschiedlichen Beträgen ohne eine Gegenleistung zu erwarten. Diese Art der Finanzierung findet sich kaum in der Managementwelt, sondern eher in sozialen oder kulturellen Projekten.

Crowdsupporting

Spender unterstützen ein Projekt und erwarten dafür eine nicht monetäre Gegenleistung.

Crowdinvesting

Anleger beteiligen sich an einem Startup und bekommen dafür Unternehmensanteile oder eine Gewinnbeteiligung.

Crowdlending

Anlegende finanzieren über einen zuvor bestimmten Zeitraum Privatpersonen oder Unternehmen. Wie bei einem Darlehen bei einer Bank bekommen die Anleger einen festen Zins. Am Ende der Frist wird das Geld zurückbezahlt. Der Unterschied zu einem Darlehen bei einem Finanzinstitut ist, dass auch mehrere Personen dasselbe Projekt finanzieren können.

c. Praxis

Umfangreiche Businesspläne über mehrere Jahre werden immer weniger eingesetzt. Niemand kann in die Kristallkugel schauen und eine sichere Voraussage für die nächsten drei oder fünf Jahre machen. Dies ist nicht einmal möglich, wenn man durch zwei Kommastellen eine Genauigkeit vortäuscht. Fehleinschätzungen summieren sich über die Zeit. Deshalb werden die Businesspläne eher kürzer. Erklären Sie lieber das Weshalb anstatt das Wieviel! Weshalb wird der Kunde Sie lieben? Weshalb sind Sie überzeugt, Erfolg zu haben? Weshalb wird der Durchbruch genau Ihnen und Ihrem Team gelingen? Genau solche Aussagen gehören in einen Elevator Speech.

Und zu Guter Letzt möchte ich Sie nochmals an den mündlich beschriebenen Prototyp in der Phase eins erinnern (S. 52). Nehmen Sie diese Vorlage und ergänzen Sie den Pitch mit dem Break Even und Pay Back und schon haben Sie einen kurzen Business Plan als Grundlage für den Elevator Pitch.

Inhalt eines guten Pitch[61]:
- Was machen Sie genau?
- Welche Aufgaben und welche Probleme lösen Sie für Ihre Kunden? (Standpunkt)
- Was ist Ihre Lösung und was hat der Kunde davon? (Angebot und Nutzenversprechen)
- Was ist das Essenzielle an Ihrem Geschäftsmodell?
- Was macht Sie gegenüber anderen einzigartig?
- Was macht das Geschäft aus finanzieller Sicht interessant? (wichtigste Kennzahlen aus Ihrem Ertragsmodell)
- Wer ist in Ihrem Team und weshalb sollte gerade dieses Team erfolgreich sein?
- Welches sind die nächsten Meilensteine der Entwicklung?
- Was wünschen Sie sich?

Und vergessen Sie nie, dem Gegenüber klar zu machen, was Sie genau möchten. Früher wollten Sie eher Feedback und Hinweise, um Ihre Geschäftsidee zu verbessern. Nun suchen Sie vielleicht zuverlässige, kreative Partner oder eben Geld.

 Stichworte für meinen Elevator Speech:

Literaturhinweise

[1] Lewerick, 2017, ab S. 30
[2] Bien-Aime, 2019, ab S. 90
[3] http://www.scinexx.de/wissen-aktuell-5903-2007-01-10.html (27.2.2017)
[4] Backera, 2002, S. 65
[5] Bleckman, 2011, Grichnik, 2013, Faschingbauer, 2013
[6] Bleckman, 2011, ab pos 45 und Grichnik, 2013, ab pos 479
[7] Taleb, 2001 und 2007
[8] Strähler, 2017, S. 108
[9] Hamel und Prahalad 1990 und 1997, zitiert nach Nagel, 2009, S. 186
[10] Müller-Stewens, 2005, ab S. 220
[11] Kerth, 2008, ab. S. 50 und Barney 1991, zitiert nach Nagel 2009, S. 190
[12] Barney 1991, zitiert nach Nagel 2009, S. 190
[13] Nagel, 2009, S.107
[14] angelehnt an Hamel und Prahalad, zitiert nach Nagel, 2009, S. 225
[15] Lewerick, 2017, ab S. 48
[16] Lewerick, 2017, S. 23
[17] Gälweiler 1987, zitiert nach Nagel, 2009, ab S. 162
[18] Gälweiler 1987, zitiert nach Nagel, 2009, S. 164
[19] Osterwalder, 2013
[20] Osterwalder, 2013
[21] Osterwalder, 2013, S. 8
[22] Rossiter und Percy 1997, zitiert nach Moser, 2015, pos. 1307
[23] Lewrick, 2017, ab S. 95
[24] Osterwalder, 2015 ab S. 78
[25] Moser, 2015, pos. 5460
[26] Lewrick, 2017, ab S. 92
[27] Dark Horse Innovation, 2017, S. 199
[28] Lewrick, 2017, ab S. 202
[29] Lombiser, 1998, S. 92
[30] Ulrich 1987, zitiert nach Nagel 2009, S. 130
[31] Kerth, 2008, S. 117
[32] Anderson 2006, zitiert nach Wallis, 2012, ab S.2
[33] Porter 983 und 1986, zitiert nach Nagel, 2009, ab S.136 und Müller-Stewens, 2005, ab S. 189
[34] Lewrick, 2017, S. 202
[35] Hungenberg, 2014, S. 131
[36] Hungenberg, 2014, S. 132
[37] Müller-Stewens, 2005, S. 196

[38] Nagel, 2009 ab S. 150
[39] Hungenberg, 2014, S. 439
[40] Toolkit Managementinstrumente, 2015, ab. S. 12
[41] Chan Kim, Mauborgne, 2016
[42] Kim, Mauborgne, 2016, S. 29
[43] Zitiert nach Scheuss, 2012, ab S. 116
[44] Porter 1999, zitiert nach Kerth, 2008, S. 200
[45] Porter 1986, zitiert nach Nagel, 2009, S. 213
[46] Harvard Business Review, 1993, S.84-93
[47] Müller-Stewens, 2005, S. 235
[48] Lauer, 2014, ab S. 112
[49] Müller-Stewens, 2005, S. 236
[50] Lauer, 2014, S. 117
[51] Scheuss, 2012, ab S. 56
[52] abgeleitet aus Scheuss, 2012, ab S. 57
[53] Osterwalder, 2010
[54] Hoffmeister, 2015, ab S. 26
[55] Warnecke 1996, zitiert nach Hoffmeister, 2015, S. 31
[56] Hungenberger, 2014, S. 214
[57] Strähler, 2017, S. 179
[58] Seiler, 2001, ab S. 132
[59] Seiler, 2001, ab S. 135
[60] Buch und Buchhandel in Zahlen 2016 (für 2015), aufgerufen 9.4.2017, *www.buchmesse.de/images/fbm/.../buchmarkt_deutschland_2016_dt.pdf_58507.pdf*
[61] Strähler, 2017, S. 192 - 193

Literaturverzeichnis

Backerra Hendrik, Malorny Christian, Schwarz Wolfgang	Pocket Power Kreativitätstechniken, 2. Auflage, München Wien, 2002, Carl Hanser Verlag
Bien-Aime Réginald	How to fuck up, in der Zeitschrift Innovator 2/19, 2019, S. 90-91
Blekman Thomas	Corporate Effectuation, What managers should learn from entrepreneurs!, Amsterdam, 1. Auflage, 2011, Academic Service
Dark Horse Innovation	Digital Innovation Playbook, das unverzichtbare Arbeitsbuch für Gründer, Macher und Manager, 3. Auflage, Hamburg, 2017, Murmann Publishers GmbH
Faschingbauer Michael	Effectuation, Wie erfolgreiche Unternehmer denken, entscheiden und handeln, 2. Auflage, Stuttgart, 2013, Schäffer-Poeschel Verlag für Wirtschaft - Steuern - Recht GmbH
Grichnik Dietmar Gassmann Oliver (Hrsg.)	Das unternehmerische Unternehmen, Revitalisiere und Gestalten der Zukunft mit Effectuation – Navigieren und Kurshalten in stürmischen Zeiten, 1. Auflage, Heidelberg, 2013, Springer Gabler
Hoffmeister Christian	Digital Business Modelling, Digitale Geschäftsmodelle entwickeln und strategisch verankern, München, 2015, Carl Hanser Verlag
Hungenberg Harald	Strategisches Management in Unternehmen, Ziele – Prozesse – Verfahren, 8. Auflage, Wiesbaden, 2014, Springer Gabler
Kerth Klaus, Asum Heiko	Die besten Strategietools in der Praxis, 3. erweiterte Auflage, München, 2008, Carl Hanser Verlag
Kim Chan, Mauborgne Renée	Der blaue Ozean als Strategie, wie man neue Märkte schafft, wo es keine Konkurrenz gibt, 2. aktualisierte und erweiterte Auflage, München, 2016, Carl Hanser Verlag
Lauer Thomas	Change Management, Grundlagen und Erfolgsfaktoren, 2. Auflage, Heidelberg, 2014, Springer Verlag
Lewerick Michael, Link Patrick, Leifer Larry	Das Design Thinking Play Book, mit traditionellen, aktuellen und zukünftigen Erfolgsfaktoren, München, 2017, Verlag Franz Vahlen GmbH

Lombiser Roman Albplanalp Peter A.	Strategisches Management, Visionen entwickeln – Strategien umsetzen – Erfolgspotenziale aufbauen, 2. Auflage, Zürich, 1998, Versus Verlag AG
Moser Klaus (Hrsg)	Wirtschaftspsychologie, 2. vollständig überarbeitetet Auflage, Berlin Heidelberg, 2015, Springer Verlag
Müller-Stewens Lechner Christoph	Strategisches Management, wie strategische Initiativen zum Wandel führen, der St. Galler General Management Navigator®, 3. Auflage, Stuttgart, 2005, Schäffer-Poeschel Verlag für Wirtschaft - Steuern - Recht GmbH
Nagel Reinhart Wimmer Rudolf	Systemische Strategieentwicklung, Modelle und Instrumente für Berater und Entscheider, 5. Auflage, Stuttgart, 2009, Schäffer-Poeschel Verlag für Wirtschaft - Steuern - Recht GmbH
Osterwalder Alexander, Yves Pigneur,	Business Model Generation, ein Handbuch für Visionäre, Spielveränderer und Herausforderer, Frankfurt/NewYork, 2010, Campus Verlag
Osterwalder Alexander, Pigneur Yves, Bernada Greg, Smith Alan	Value Proposition, Entwickeln Sie Produkte und Services, die Ihre Kunden wirklich wollen, Frankfurt/NewYork, 2013, Campus Verlag
Rock David	Brain at work, Intelligenter arbeiten, mehr erreichen, Frankfurt am Main, 2011, Campus Verlag GmbH
Seiler Armin	Marketing, BWL in der Praxis IV, 6. Auflage, Zürich, 2001, Orell Füssli Verlag
Scheuss Ralph	Strategie Tools, Richtung geben, Vorsprung sichern, Innovationen lancieren, Regensburg, 2012, Walhalla Fachverlag
Strähler Patrick	Das richtige Gründen, Werkzeugkasten für Unternehmer, 3. Auflage, Hamburg, 2017, Murmann Publishers GmbH
Taleb Nassim	Der Schwarze Schwan, die Macht höchst unwahrscheinlicher Ereignisse, München, 2007, Carl Hanser Verlag
Treacy Michael, Wiersema Fred	Customer Intimacy and other value disiplines, three paths to market leadership, Harvard Business Review, Januar – Februar 1993, 84-93
Wallis Ian	Business Gurus, Richmond, 2012, Crimson Publishing Ltd
Zeitschrift Führung + Organisation (Hrsg.)	Toolkit – Managementinstrumente für die Praxis, Stuttgart, 2015, Schäffer-Poeschel Verlag für Wirtschaft - Steuern - Recht GmbH

Pendenzenliste

Herzliche Gratulation!
Sie sind am Ende des Tagebuches
Ihrer Geschäftsidee!
Ich wünsche Ihnen viel
Erfolg bei der Umsetzung!